D1872276

Alexander Verweyen / Gregor Eckert

Aktiv verkaufen im Premium-Segment

Alexander Verweyen / Gregor Eckert

Aktiv verkaufen im Premium-Segment

Wie Sie Top-Kunden für hochpreisige Angebote gewinnen

GABLER

Bibliografische Information Der Deutschen Bibliothek
Die Deutsche Bibliothek verzeichnet diese Publikation in der Deutschen Nationalbibliografie; detaillierte bibliografische Daten sind im Internet über <http://dnb.ddb.de> abrufbar.

1. Auflage Dezember 2004

Alle Rechte vorbehalten
© Betriebswirtschaftlicher Verlag Dr. Th. Gabler/GWV Fachverlage GmbH, Wiesbaden 2004

Lektorat: Manuela Eckstein

Der Gabler Verlag ist ein Unternehmen von Springer Science+Business Media.
www.gabler.de

Das Werk einschließlich aller seiner Teile ist urheberrechtlich geschützt. Jede Verwertung außerhalb der engen Grenzen des Urheberrechtsgesetzes ist ohne Zustimmung des Verlags unzulässig und strafbar. Das gilt insbesondere für Vervielfältigungen, Übersetzungen, Mikroverfilmungen und die Einspeicherung und Verarbeitung in elektronischen Systemen.

Die Wiedergabe von Gebrauchsnamen, Handelsnamen, Warenbezeichnungen usw. in diesem Werk berechtigt auch ohne besondere Kennzeichnung nicht zu der Annahme, dass solche Namen im Sinne der Warenzeichen- und Markenschutz-Gesetzgebung als frei zu betrachten wären und daher von jedermann benutzt werden dürften.

Umschlaggestaltung: Nina Faber de.sign, Wiesbaden
Druck und buchbinderische Verarbeitung: Wilhelm & Adam, Heusenstamm
Gedruckt auf säurefreiem und chlorfrei gebleichtem Papier
Printed in Germany

ISBN 3-409-03414-5

Den Besten gewidmet ...

Wir widmen dieses Buch allen Verkäufern, die sich der Herausforderung stellen, Kunden im Premium-Segment für ihr Angebot zu gewinnen und zu begeistern. Wir haben vor ihnen den größten Respekt. Denn sie gehen jeden Tag mutig nach vorn, sie verstehen es, aus Erfolgen und aus Niederlagen zu lernen, sie wollen an die Elite verkaufen und selbst zu den Besten gehören. Wir sind stolz darauf, diese Vorreiter auf ihrem Erfolgsweg begleiten zu dürfen.

... und mit herzlichem Dank versehen

Das Buch hätte nie ohne die Hilfe zahlreicher Ansprechpartner entstehen können. Wir danken unserem Team dafür, dass es uns ständig mit kritischen Fragen und Anmerkungen herausfordert. Wir danken unseren Kunden für den großen Schatz an Erfahrungen, den wir mit ihnen sammeln durften. Und wir danken Manuela Eckstein, Cheflektorin im Gabler Verlag, Mark Manuel, freischaffender Grafiker, und Rudolf Schnitzer, freischaffender Redakteur, dafür, dass sie dazu beigetragen haben, aus vielen Ideen und Gedanken ein Buch zu machen.

Inhalt

Vorwort

Über die Verabschiedung vom Mittelmaß.

Weshalb dieses Buch für jeden Verkäufer wichtig ist.

Und warum Geld keine Tore schießt.

Mit diesem Buch wenden wir uns vor allem an Verkäufer hochwertiger Produkte und Dienstleistungen. Denn in diesem *Premium-Bereich* bieten sich ungemein große Chancen - doch leider werden sie noch viel zu wenig genutzt. Wir zeigen Ihnen, wie Sie in diesem lukrativen Segment auch bei den anspruchsvollsten Kunden auf den Punkt kommen. Dazu ist es wichtig, dass Sie neue Perspektiven auf Ihre Kunden und die eigene Arbeit gewinnen, und dass Sie bereit sind, als Verkäufer professionelle Spitzenleistungen zu zeigen. Denn wer zu den Besten gehören will, muss sich vom Mittelmaß verabschieden.

Auf den folgenden Seiten führen wir Sie deshalb Schritt für Schritt durch die Welt des *Premium-Verkaufs*. Hier geht es um Top-Produkte und erstklassige Dienstleistungen, anspruchsvolle Kunden und Sie als Verkäufer, der beides auf einem Spitzenniveau verbindet. Wir möchten dabei das Rad nicht neu erfinden, so manches, was Sie lesen werden, haben Sie bestimmt an anderer Stelle schon gehört. Wir möchten Ihnen jedoch zeigen, wie Sie „das Rad besser drehen können", wie Sie Ihre persönliche Performance und Produktivität wirksam und messbar steigern können.

Das Marktsegment, in dem wir uns bewegen, ist dabei sehr vielschichtig: Die Top-Immobilie, die Luxuslimousine und die wertvolle Uhr gehören genauso dazu wie maßgeschneiderte Finanzprodukte. Zu unserem Thema gehört nicht nur der Endverbraucher-Markt, sondern auch der Business-to-Business-Bereich. Verbindendes Element ist dabei der besondere *Wert* des Angebots und das hohe *Anspruchsniveau* der Kunden. Was zudem allen Marktsegmenten gemein ist: Verkaufen ist stets ein *Business von Mensch zu Mensch* - ob Sie Haute Couture verkaufen oder Hightech-Ausstattung für Zahnärzte: Immer stehen Sie vor der Herausforderung, Kunden nicht nur für Ihr Angebot zu gewinnen, sondern auch von sich selbst zu überzeugen. Beides gehört aufs Engste zusammen. Verkaufsarbeit ist Beziehungsarbeit. Das soziale Kapital, das Ihnen dabei zur Verfügung steht, ist das *Vertrauen* und die *Sympathie* Ihrer Kunden. Dieses Kapital gilt es zu „akquirieren“ und zu mehren.

Sie meinen, anspruchsvolle Kunden und der Human Touch charakterisieren nicht nur das Top-Segment? Sie haben Recht! Deshalb profitieren von der Lektüre dieses Buches neben den Verkäufern im Highend-Bereich auch alle anderen Verkaufsprofis, die immer besser werden möchten. Denn wer weiß, wie im Premium-Bereich der Hase läuft, der wird in jedem Feld erfolgreich sein.

Diese Inhalte dürfen Sie erwarten:

- Im *ersten Kapitel* führen wir Sie in die chancenreiche Welt des Premium-Verkaufs ein. Wir skizzieren wesentliche Trends im Verkauf, zeigen Ihnen, dass Sie als Verkäufer ein echter „Wert-Arbeiter“ sein müssen, und wie Marken mobil machen. Und wir stellen Ihnen den *Premium-Kunden* vor. Anspruchsvoll und in der Regel gut situiert ist er Ihr Ansprechpartner, wenn Sie hochwertige Produkte und Dienstleistungen anbieten. Sie erfahren, wie er „tickt“, welche besonderen Anforderungen er hat und welche Faktoren seine Kaufentscheidungen beeinflussen. Aus dem Profil des Premium-Kunden leiten wir dann die erfolgsentscheidenden *Herausforderungen* ab, die Sie als *Premium-Verkäufer* meistern müssen.
- Im *zweiten Kapitel* lassen wir die Welt des Premium-Verkaufs lebendig werden. Dazu schildern wir Ihnen authentische Storys, die uns Bekannte, Kunden und Teilnehmer unserer Seminare erzählt haben. Immer geht es um exemplarische Verkaufssituationen, die zeigen, was man als Premium-Verkäufer alles richtig oder auch falsch machen kann. Entsprechende Learnings fassen wir am Ende der einzelnen Geschichten kurz zusammen und übertragen sie etwas allgemeiner in die Praxis erfolgreichen Verkaufens.

- Im *dritten Kapitel* schauen wir zuerst beim Spitzen-Gastgewerbe kurz vorbei. Denn von der entsprechenden *Best Practice* in Sachen Service und Kundenorientierung können wir auch bestens lernen. Anschließend stellen wir Ihnen unser *„5-Sterne-System des Premium-Verkaufs"* vor. Dabei greifen wir die fünf Herausforderungen auf, die wir im ersten Kapitel hergeleitet haben, und die wir teilweise im zweiten Kapitel illustriert haben. Jeder „Stern" entspricht einem Kompetenzfeld, auf dem Sie sich als Premium-Verkäufer sicher bewegen müssen. Hier erfahren Sie, wie Sie Ihre Kunden begeistern – um begeisternde Renditen zu erzielen.

Insgesamt geben wir Ihnen wertvolle Denkanstöße und verraten Ihnen praxisnahe Tipps, die Sie als Spitzenverkäufer erfolgreich machen – und wir wollen Sie bei Ihrer Lektüre ein wenig unterhalten: Lesen soll wie Verkaufen auch Spaß machen. Was wir nicht wollen, ist Ihnen ein durchdekliniertes Regelwerk an die Hand zu geben. Natürlich finden Sie in diesem Buch eine Menge Anregungen und Checklisten. Doch uns geht auch um etwas anderes oder besser gesagt um mehr: Uns geht es vor allem darum, Ihnen den „Spirit" zu vermitteln, der im Premium-Segment entscheidend ist. Wenn er Sie „packt", können Sie sich Ihre eigenen Regeln machen – individuell, maßgeschneidert und flexibel, wie erfolgreiches Premium-Verkaufen eben ist.

Noch kurz ein Statement, das einen zentralen Gedanken unseres Buches auf den Punkt bringt: Karl Hopfner, Vorstandsmitglied der Bayern München AG, wurde in einem Interview mit dem Vorwurf konfrontiert, die Transfersumme für den Torjäger Roy Makaay wäre recht hoch gewesen – Geld würde demnach Tore schießen. Hopfner hat den Ball gekonnt zurück gespielt: „Nicht Geld schießt Tore, sondern Qualität."[1] Der eigentliche Wert des Spitzenkickers resultiert eben nicht aus seiner Transfersumme, sondern aus dem, was er dem FC Bayern bringt, aus seinen technischen Qualitäten, aus seiner Fähigkeit, Tore zu schießen, aus seinem Vermögen, die Fans von den Bänken zu reißen. Auch ein Premium-Produkt hat natürlich seinen Preis – und den soll es auch behalten. Denn sein Gegen-Wert besteht ebenfalls in einer herausragenden Qualität, in seinen besonderen Eigenschaften, in den Werten, für die es in den Augen der Kunden steht, und in seiner Begeisterungskraft. Dies alles – und einiges mehr – gilt es im Verkauf lebendig werden zu lassen. Doch halten wir uns jetzt nicht länger mit der Vorrede auf, steigen wir ein in die chancenreiche Welt des Premium-Segments.

Viel Spaß beim Lesen wünschen Ihnen

Alexander Verweyen und Gregor Eckert
München, im November 2004

PS: Damit Sie das Buch leichter lesen können, haben wir auf geschlechterspezifische Doppelnennungen verzichtet. Selbstverständlich meinen wir mit dem „Verkäufer" auch immer die „Verkäuferin" und mit dem „Kunden" auch stets die „Kundin".

Die chancenreiche Welt des Premium-Segments

Warum die Stimmung am Boden ist,
und weshalb Ihnen das egal sein kann.

Wie anspruchsvolle Kunden „ticken".

Und welche Herausforderungen daraus
für Sie als Verkäufer folgen.

Trends im Verkauf

„Prognosen sind schwierig, vor allem, wenn sie die Zukunft betreffen." So brachte der dänische Nobelpreisträger Nils Bohr das Problem auf den Punkt, Trends und Tendenzen einzuschätzen. Nur ein Beispiel für diese Schwierigkeit: 1982 äußerte der IT-Riese IBM die Meinung, dass der globale Markt für Personal Computer in etwa bei 220 000 Stück liegen würde. Diese Prognose von „Big Blue" traf, wie wir wissen, bei weitem nicht ins Schwarze, sie verfehlte die „Zielscheibe" sogar selbst um Längen.

Obwohl die Zukunft nicht „vorhergesehen" werden kann, ist es wichtig, sich mit ihr auseinander zu setzen. Orakel, Hellseher und Wahrsager haben in seriösen Kontexten zwar längst ausgedient, Trendforscher liegen dennoch mehr denn je im Trend. An die Stelle von Knochenorakeln und der Bestimmung der Zukunft aus dem Flug der Vögel sind mathematische Modelle getreten und Wahrscheinlichkeitsrechnungen auf Hochleistungscomputern. Trotzdem können uns die modernen Auguren heute oft nur genau erklären, aus welchen konkreten Gründen ihre Vorhersagen eben *nicht* eingetroffen sind.

Dennoch, wie gesagt, an der Einschätzung von Trends, die unser Leben bestimmen, kommen wir nicht vorbei. Dies gilt insbesondere für das Wirtschaftsleben und somit auch für den Verkauf. Gerade hier ist es wichtig, die Zeichen der Zeit zu erkennen und sich nach ihnen zu richten. Doch dazu braucht es weder Kenntnisse im Kartenlegen noch ausgetüftelte statistische Verfahren. Wir sind uns sicher: Wer mit *offenen Augen* durchs Leben geht, sein Umfeld beobachtet und sich mit den betroffenen Menschen unterhält, der gewinnt ein Gefühl dafür, wohin die Reise sehr wahrscheinlich geht.

Wir beschäftigen uns seit vielen Jahren mit dem Thema Verkauf, aus theoretischer Sicht, vor allem aber aus der Perspektive der Praxis. Wir führen einen permanenten Dialog mit Unternehmen im Consumer- und im Business-to-Business-Bereich – und mit deren Kunden. Aus zahlreichen Seminaren, Workshops und langfristigen Projekten gewinnen wir sehr viele Einschätzungen und Informationen, die sich insgesamt zu einem stimmigen Bild zusammenfügen.

Im Folgenden skizzieren wir für Sie dieses Bild. Das Wesentliche dabei ist: Die Bedingungen des Verkaufens haben sich in den letzten Jahren grundlegend geändert. Dies betrifft vor allem den Markt hochwertiger Produkte und anspruchsvoller Dienstleistungen, dies betrifft jedoch auch das Kundenverhalten im Allgemeinen. Insgesamt findet eine tiefgreifende Neuorientierung der Kunden statt, aus der sich ganz bestimmte Herausforderungen für den Verkauf ergeben. Um diese Entwicklung zu illustrieren, zitieren wir im Folgenden aus der Tagespresse und Magazinen, aus Studien und Fachbüchern. Die referierten Botschaften reichen in ihrer Gültigkeit jedoch in der Regel weit über das flüchtige Tagesgeschehen hinaus. Sie benennen Symptome einer Entwicklung, die den Verkauf über viele Jahre prägen wird, auch wenn sich die Rahmenbedingungen – wieder einmal – geändert haben werden.

Steht der deutsche Blues auf „Repeat"?

Die erste Beobachtung betrifft das, was gemeinhin als „Konsummüdigkeit" bezeichnet wird. Viele Verbraucher und Unternehmen drehen den Euro zweimal um, bevor sie ihn ausgeben – oder doch lieber wieder zurück in die Tasche stecken. Formen und Ursachen dieser Zurückhaltung sind vielfältig. So meldet das Institut für Demoskopie Allensbach: „Die aktuelle wirtschaftliche Lage und die Sorge, wie es weitergeht, führen nun schon seit einiger Zeit zu einer deutlichen Konsumzurückhaltung. Deutlich mehr als jeder zweite aus der Bevölkerung (55 Prozent) macht sich Sorgen, dass er selbst oder die ihm Nahestehenden von den Folgen der schwierigen Wirtschaftssituation betroffen werden könnten. In Ostdeutschland befürchten das sogar 63 Prozent. Die meisten Menschen denken deshalb heute sehr viel sorgfältiger über ihre Ausgaben nach, als das noch vor einem Jahr der Fall war. Kaum jemand, der nicht an irgendeiner Stelle zu sparen versucht."[2]

Und das Handelsblatt berichtet: „Deutsche Konsumenten streiken weiter – Stimmung der Verbraucher stagniert auf niedrigem Niveau"[3]. So und so ähnlich beunruhigen uns regelmäßig die Headlines nahezu aller Zeitungen, entsprechende Nachrichten ließen sich in fast beliebiger Länge aneinander reihen. Die Negativmeldungen bestätigen dabei, was viele Verkäufer Tag für Tag am eigenen Leib verspüren: Die Deutschen sind kaufmüde geworden. Wirtschaftsexperten sind sich nicht nur in dieser Diagnose einig. Sie nennen für die allgemeine Kaufverweigerung auch alle ähnliche Ursachen. So werden den Deutschen zunehmend staatliche Leistungen gekürzt, sicher ist, dass die Rente nicht mehr sicher ist, jeder ist dringend dazu aufgerufen, privat Vorsorge zu treffen, auch die Aufwendungen für die Gesundheit werden immer höher. Also muss gespart werden, der Gürtel muss nicht nur enger geschnallt werden, die Bürger fühlen sich dazu aufgerufen, neue Löcher in den Gürtel einzustanzen, um ihn noch enger zu schnallen als zuvor. Viele Arbeitnehmer bangen um ihren Arbeitsplatz, von markanten Lohnerhöhungen kann keine Rede sein. Wen wundert es, wenn die vormals gewohnte Konsumlust einer „neuen Bescheidenheit" Platz macht. Doch dies ist äußerst riskant. Denn: „Übermäßige Bescheidenheit ist der Tod jeder dynamischen Ökonomie."[4]

Die Verbraucher haben ihren Glauben an eine sichere finanzielle Zukunft verloren: Sie vertrauen weder auf eine deutliche Belebung der Konjunktur noch auf ein steigendes Einkommen. Das schwache Wachstum verunsichert die Verbraucher, der Konsum geht zurück – und bremst wiederum das Wachstum. Kurz gesagt: Vertrauensverlust führt zu Verkaufsverlusten. Lothar Späth beklagt sogar: „Es ist nicht zu übersehen: Deutschland kämpft gegen den Abstieg. Und ähnlich den abstiegsgefährdeten Fußballclubs ... bleibt uns vorerst wohl nur die Hoffnung, dass die wachsende Bedrohung noch einmal ungeahnte

Kräfte freisetzen wird."[5] Wir meinen: Gerade der Verkauf kann wesentlich dazu beitragen, genau diese „Kräfte" zu mobilisieren!

Die Kaufmüdigkeit hat jedoch nicht nur allgemeine wirtschaftliche Ursachen. Viele Unternehmen müssen sich an die *eigene Nase* fassen. Denn sie tragen zu einem großen Teil selbst Schuld daran, dass Kunden ihre Angebote allzu oft links liegen lassen. So unsere zweite Beobachtung. Viele Unternehmen machen beispielsweise den fatalen Fehler, in Krisenzeiten an ihrer Performance gegenüber dem Kunden zu sparen, sprich: Das Serviceangebot wird reduziert. Die Welt am Sonntag meint dazu: „Service-Deutschland rutscht unter die Armutsgrenze."[6] Und weiter: „Zwei von drei Deutschen sind der Meinung, dass der Service in Deutschland schlechter geworden ist." Ein Symptom dafür ist das Unwesen, alle nur erdenklichen Leistungen an Call Center zu delegieren, was oft dazu führt, dass Kunden verärgert und vergrault werden. Gabriele Francke, Geschäftsführerin der Berliner Verbraucherzentrale, stellt vielen telefonischen Anlaufstellen deshalb ein denkwürdiges Zeugnis aus: „Schlecht erreichbar, teuer und nicht kompetent."[7] Mit Service und Kundenorientierung hat das nicht mehr viel zu tun. Klar: Guter Service kostet Geld. Doch die Frage, die sich Unternehmen stellen müssen - unabhängig von der wirtschaftlichen Lage - lautet nicht: Wo können wir Geld *sparen*? Die entscheidende Frage heißt: Wie können wir Geld *verdienen*? Und dazu müssen sie sich mehr denn je fragen: Wie können wir unsere Kunden noch besser erreichen und für unser Angebot gewinnen? Natürlich ist es wichtig, auf die Kosten zu achten. Wer jedoch *nur* auf seine Ausgaben blickt wie das Häschen auf die Schlange, wird von seinem Sparzwang letzten Endes aufgefressen.

Ein weiterer großer Fehler, den viele Unternehmen machen, besteht darin, dass sie in gestrecktem Galopp in die Rabattschlacht ziehen. Seit dem 25. Juli 2001 können sie dies auch mit Lust und Laune tun, denn seitdem werden sie durch kein Rabattgesetzt mehr gebremst. Jetzt ist das ganze Jahr bei vielen

Unternehmen Schlussverkauf. Als Ergebnis ist jedoch auch mit vielen Unternehmen Schluss. Allein im Jahr 2003 mussten 5 000 Geschäfte schließen. „Der Einzelhandel, früher Lokomotive der Konjunktur, bremst sie heute aus."[8] Unter der Rabattitis leiden jedoch nicht nur die üblichen Verdächtigen. Auch viele Markenartikel haben dadurch Kratzer abbekommen, die sie nur schwer wieder wegpolieren können. Eines der bekanntesten Bespiele ist sicherlich ein Premium-Bier, das im Discounter zu Billigpreisen angeboten wurde – und dadurch seinen Ruf als Premium-Produkt beschädigt hat.

Unter der Strategie, nicht nur den Mitbewerber, sondern auch sich selbst in Sachen „Preise" immer wieder zu unterbieten, leiden jedoch nicht nur Produktimages und Margen, sondern auch die Kunden. Wer heute vor der Wahl steht, etwas zu kaufen, wartet lieber bis morgen: Dann könnte die Ware günstiger zu haben sein! Doch das Fatale: Morgen gilt genau das Gleiche. Also verfolgen viele Kunden lieber eine fortgesetzte „Wait-and-see-Strategie". Wenn alles billig wird, wird alles zudem auch *beliebig*. Kunden fühlen sich verloren in einem Meer vermeintlicher Billig- und Billigstangebote. Weil sie Entscheidungssicherheit und Orientierungshilfen vermissen, werden sie nicht zufriedener, wenn sie dauernd billig kaufen können. Das Gegenteil ist der Fall. Viele Kunden wenden sich deshalb schon wieder bekannten Namen und Marken zu, die dann auch etwas mehr kosten dürfen – allerdings nur, wenn sie über ein attraktives und klares Profil verfügen. Doch dazu später mehr.

Der eigentliche Kern dieses Problems: Unternehmen, die sich mit ihren Preisen ständig selbst unterbieten, zeigen, dass ihnen eine wesentliche kaufmännische Tugend fehlt: *Kreativität*. Denn schon seit jeher waren erfolgreiche Kaufleute darin findig und einfallsreich, ihre Kunden zu locken und zu verleiten, sie zu umgarnen und zu umwerben, und ihnen Lust auf ihr Angebot zu machen – auf das *Angebot*, wohlgemerkt, und nicht, zumindest nicht primär, auf den *Preis*. Damit eng verbunden ist ein weiteres fatales Problem: Mit der wenig kreativen Flucht in niedrige Preise stellen Unternehmen zudem unter Beweis, dass sie ihre Kunden *nicht kennen*, dass sie schlicht und einfach nicht wissen, welche Produktmerkmale und Leistungen, welche Verkaufsstrategien und Maßnahmen potenzielle Kunden zu begeisterten Käufern machen, zu Käufern, die sich mehr für das Produkt als für den Preis interessieren. Dazu Bestsellerautorin Melinda Davis: „Zweifellos hat die Geschäftswelt sich die größte Mühe gegeben, die neuen Wünsche und Bedürfnisse der Verbraucher zu verstehen, kam jedoch über die rein *mechanische* Ebene nie hinaus. Man stürzte sich auf die Flut neuer Technologien, die die Bereiche Kommunikation, Vertrieb und Verkauf völlig verändern: globales Produktmanagement, Database Mining, digitale Kultur und der unerschütterliche Glaube der Unternehmen an ihre Kernkompetenzen. Doch die vorherrschenden Meinungen über den Verbraucher, über seine Denk- und Verhaltensmuster, sind seit Jahren nicht mehr auf ihre Gültigkeit hin überprüft worden."[9] Viele Verkäufer wissen nicht, was ihre Kunden denken, was sie wollen, vor welchen Herausforderungen sie stehen, welche Motive ihre Kaufentscheidungen bestimmen. Und wenn wir von hochpreisigen Spitzenprodukten reden, kommt in der Regel ein weiteres, entscheidendes Problem hinzu: Vielen Verkäufern ist die Welt, in der sich ihre Kunden bewegen, schlichtweg unbekannt, sie ist für sie eine *terra incognita*, eine weiße Fläche auf ihrer Karte der Verkaufslandschaft.

Zu den Fehlern, die sich Unternehmen auf ihre eigenen Fahnen schreiben müssen, gehört auch das Versäumnis, Produkte und Dienstleistungen nicht konsequent genug über eine attraktive Markenarbeit mit Begeisterungskraft aufzuladen: „Rund 60 Prozent der Gütezeichen sind … aus Konsumentensicht nur wenig begeisternd. Sie lösen bei den Verbrauchern in der Mehrzahl nur unzureichend Kaufanreize aus."[10] Starke Marken verfügen - zumindest potenziell - über eine starke Kraft. Diese wird jedoch - faktisch - noch viel zu wenig auf den Boden gebracht. Die Konsequenz: Die oft millionenschweren Investments in die Markenarbeit bleiben ohne den gewünschten Return on Investment. Uns geht es hier nicht darum, das Branding und die Markenführung der Unternehmen zu bewerten, dies wäre aus Sicht des Verkaufs ein eigenes Buch Wert. Was wir aber mit Sicherheit hier sagen können: Verkäufer können eine Menge dafür tun, die Begeisterungskraft von Marken zu aktivieren und so bei Kunden für starke Kaufanreize zu sorgen!

Die skizzierte schlechte Stimmung und die beschriebenen Fehler der Unternehmen führen zu einer schwindelerregenden Abwärtsspirale: Preise werden reduziert, Produkte werden in den Augen der Kunden „ent-wertet", Verbraucher werden weiter verunsichert, und die Gewinnmargen schmelzen weg wie ein Stück Butter in der Sonne. Kunden kaufen dennoch weniger, die Preise werden weiter reduziert. Viele Verkäufer verfolgen in dieser Situation eine Vogel-Strauß-Politik und stecken den Kopf in den Sand. Doch hier werden sie kaum neue Chancen entdecken und einen Weg in die Zukunft finden. Es besteht auch kein Grund zu resignieren! Denn das Jammern scheint, zumindest in weiten Teilen, auf einem doch recht ordentlichen Niveau stattzufinden. Die Lage ist besser, als von vielen wahrgenommen und propagiert - so unsere dritte Beobachtung. Dafür spricht auch diese Meldung: „Trotz Börsenkrise und Konjunkturflaute ist die Zahl der Millionäre in Deutschland weiter gestiegen. Ende 2002 verfügten nach einer Studie der US-Bank Merrill Lynch 755 000 Privatpersonen in der Bundesrepublik über ein Finanzvermögen von mehr als einer Million Dollar. Ende 2001 lag die Zahl der Millionäre in Deutschland - ohne Immobilienvermögen - noch bei 730 000 Personen."[11] In diese Richtung argumentiert auch ein Magazin der HypoVereinsbank: „Mögen viele Bürger auch den Gürtel enger schnallen, das verfügbare Einkommen ist heute so hoch wie nie zuvor. Seit mehr als zehn Jahren nimmt es durchschnittlich um rund 3 Prozent im Jahr zu, während der Preisindex nur um 2,3 Prozent im Jahr steigt. Konsumforscher schüren den Optimismus mit dem Hinweis auf das private Geldvermögen der Deutschen: Insgesamt 3,6 Billionen Euro. Besonders Singles, Ehepaare mit doppeltem Einkommen und Menschen über 50 Jahre sind begehrte Zielgruppen. Letztere verfügen sogar über das höchste Einkommen aller Altersklassen. Ihnen standen im Jahr 2002 rund 26,7 Milliarden Euro zur Verfügung."[12]

Kann es also wirklich so schlecht um die privaten Haushalte bestellt sein? Hier wird ein sehr differenzierter Blick nötig sein, um die Lage insgesamt zu erfassen. Zudem befinden sich Konjunktur und Konsumklima in einem fortwährenden Auf und Ab. Klar ist jedoch, dass sich viele Bürger, und ergänzend sei hier gesagt: viele Unternehmen, in einer komfortablen finanziellen Situation befinden. Sprich: Das Geld ist da, es muss „nur" mobilisiert werden. Wir sind uns sicher: Auch hier gilt das Diktum von Boris Becker „Das Spiel wird im Kopf entschieden".

Up-and-down-trading: Wie viel Aldi-Schampus passt in einen Boxter-Kofferraum?

Auf der einen Seite ist also in den Augen vieler Menschen Sparen angesagt, auf der anderen Seite steht den Verbrauchern jedoch alles in allem genügend Geld zur Verfügung, um sich auch etwas Besonderes zu leisten. Dieser scheinbare Widerspruch führt zu einem wesentlichen Trend, der das Verkaufen deutlich und dauerhaft prägen wird. Es geht dabei nicht einfach nur um neue Regeln im Verkauf - letzten Endes geht es darum, in weiten Teilen ein *neues Spiel* zu spielen. Der Trend, den wir im Folgenden skizzieren, führt für die, die ihn missachten, zu großen Risiken, dafür bringt er allen, die sich danach richten, außergewöhnlich große Chancen.

Die Freizeitforscher des BAT-Instituts versehen den Trend, von dem wir sprechen, mit dem Label „Luxese". Die Wortschöpfung setzt sich zusammen aus den Begriffen „Luxus" und „Askese". Beide stehen für die Brennpunkte, die das Verhalten vieler Verbraucher kennzeichnen und nachhaltig bestimmen werden. Askese üben sie in erster Linie bei den „alltäglichen" Konsumgütern: Die Gesichtscreme aus dem Drogeriemarkt findet sich in vielen Badezimmern und das Tiefkühlgemüse vom Discounter auf so manchem Küchentisch. Hier wird also gespart. Dennoch haben auch der Luxus bzw. hochwertige und hochpreisige Produkte ihren festen Platz in diesen Haushalten. Jedoch: Das Premium-Angebot sollte nicht durch ein Schnäppchen ersetzt werden können. Gefragt ist der entscheidende und unterscheidende Mehrwert, das differenzierende Plus, das aus einem Produkt etwas Besonderes macht. Lassen Sie uns hier schon einmal einen Blick auf die begehrten Angebote werfen. Es geht dabei um einen „neuen Luxus", um den Markt begehrter Premium-Produkte und anspruchsvoller Dienstleistungen, die sich in einer ersten Näherung durch folgende Merkmale auszeichnen:

- *Eigenschaften*: Sie sind technisch perfekt und von sehr hoher Qualität.
- *Nutzen*: Ihre Funktionalität und ihr Leistungsprofil machen sie zu etwas Besonderem.
- *Mehrwert*: Sie bieten einen einmaligen, klaren und überzeugenden emotionalen Mehrwert.
- *Preis*: Und sie kosten einen entsprechend hohen Preis.

Vielleicht kann man alle diese Merkmale zusammenfassen und sagen, die Angebote haben das, woran es den meisten Billigangeboten mangelt – nämlich *Stil*. Unternehmen, die entsprechend stilvolle Produkte und Dienstleistungen anbieten und wissen, wie man sie stilvoll verkauft, werden außerordentliche Umsätze mit ungewöhnlich hohen Gewinnspannen erreichen. In dieses Premium-Segment gehört der Porsche genauso wie ein Rennrad von Bianchi, dazu gehört die HiFi-Anlage von Bang & Olufsen genauso wie eine Schreibtischlampe von Artemide, dazu gehört das Prada-Kostüm genauso wie ein Cartier-Ring, dazu gehört die edle Inneneinrichtung für Unternehmen genauso wie ausgefeilte Finanzprodukte. Konsumgüter, Gebrauchsgüter, Dienstleistungen - quer durch alle Kategorien sind die Premium-Angebote zu finden. Kurz: Es geht um die Welt der hochwertigen Dinge, die unseren Kopf überzeugen und unser Herz höher schlagen lassen - und die wir deshalb gerne haben möchten.

Doch für Premium-Angebote brauchen wir das nötige Geld. Vielen Kunden steht es einfach zur Verfügung, weil sie hart und erfolgreich arbeiten - um diese Kundengruppe kümmern wir uns nachher etwas genauer. Viele Kunden gehen dabei jedoch auch den Weg, dass sie auf der einen Seite sparen und „Askese" üben - um das Geld auf der anderen Seite bedenkenlos auszugeben. Sie nutzen auf der einen Seite die Vielfalt attraktiver Schnäppchen, feilschen, was das Zeug hält, und unterschreiben auf der anderen Seite einen Scheck über mehrere Tausend Euro für eine Leder-Sitzgruppe, ohne mit der Wimper zu zucken. Diese Tendenz, die Dinge des täglichen Lebens billig einzukaufen und für alles, was einem etwas Wert ist, auch mehr auszugeben, prägt zunehmend auch das Kaufverhalten der oberen Einkommensklassen. Wer seinen Schampus bei Aldi kauft, fährt ihn dann eben in seinem neuen Boxter nach Hause. BMW-Chef Helmut Panke beschreibt den Trend aus seiner Sicht: „Die Autobranche bewegt sich auf eine Situation hin, die man mit einer Sanduhr vergleichen kann. Die Nachfrage geht klar nach oben in den Premium-Bereich, und zum anderen in den Massenmarkt der Volumenhersteller."[13] Bernd M. Michael, ehemals Chef der Agenturgruppe Grey, ergänzt: „Verlierer werden die schwachen Marken sein. Starke Marken mit klarem Profil besitzen dagegen eine glänzende Zukunft",[14] da ist sich Michael sicher. Wir möchten unsererseits ergänzen: Eine ebenso glänzende Zukunft besitzen Verkäufer, die es verstehen, sich im Premium-Bereich sicher zu bewegen, und die wissen, wie sie mit starken Marken ihre Kunden faszinieren und begeistern.

Der Markt polarisiert sich: Auf der einen Seite geht der Trend in den Premium-Bereich, auf der anderen Seite in den Billigbereich. Die Mitte dünnt zunehmend aus.

Für den Verkauf ist auch sehr interessant, dass „Luxus" insgesamt, vor allem in Deutschland, ein spannendes Thema zu werden scheint – und zwar vom „Luxus für die Massen" bis hin zu Premium-Waren, die wirklich nur den wenigsten vorbehalten bleiben. Hochwertige Produkte sind im Kommen. So lesen wir im Handelsblatt unter der Headline „Das Geschäft mit dem puren Luxus boomt" folgenden Satz: „Sie leiden weder unter Rabattschlachten, noch stört sie die ‚Geiz-ist-Geil-Mentalität' vieler Verbraucher: die Hersteller von Luxusgütern für die oberen 10 000."[15] Das Blatt misst dem Thema „Luxus" eine so hohe Aktualität zu, dass es dazu sogar eine täglich erscheinende Serie veröffentlicht hat. Dabei geht es den Redakteuren nicht einfach um Luxus, sondern um die absolute Luxusklasse, um den puren Luxus.

Nur ein Beispiel: In der ersten Folge der genannten Serie werden Humidore der Firma Seger van Heyst vorgestellt. Der Preis für den Liebhaber gut gelagerter Rauchwaren: 10 000 Euro – wahrlich nicht jedermanns Sache, soll es auch nicht sein, denn die beiden Geschäftsführer peilen eine kleine und erlesene Kundenschar an. Was bezeichnend für diese Luxusklasse ist: Das Image der Humidore wird auch von einer außerordentlich hohen *Produktqualität* geprägt. Dazu Geschäftsführer Maurits van Heyst: „Das Besondere an unserem Zigarrenschrank ist eine ausgefeilte Klimatechnik." Zigarren-Afficionados geraten eben nicht nur bei einer erlesenen Cohiba ins Schwärmen, sondern auch bei der Technik, die ihre Qualität dauerhaft bewahrt.

Diese und viele andere Zeichen weisen darauf hin, dass „Luxus" voll im Trend liegt und deshalb auch mit hochwertigen Produkten und Dienstleistungen Geld verdient werden kann. Dabei scheint der Begriff „Luxus" immer mehr von seinem fast schon traditionell negativen Klang befreit zu werden. Während Luxus früher in den Augen vieler für Verschwendung, sinnlose Prasserei und Angeberei stand, so richten sich diese Augen heute begehrlich auf die begehrenswerten Waren. Luxus und hochwertige Produkte gehören für immer mehr Menschen zu einem angenehmen Leben. Luxus macht Laune. Wir sehen in dem Wunsch nach Teurem und Hochwertigem in erster Linie den Wunsch nach einer besseren Lebensqualität. Und das können wir nur begrüßen.

Vom Wert der Werte

Schauen wir jetzt noch einmal etwas genauer hin, was Luxus ausmacht: „Luxus versucht eine Spitze zu erreichen, die über allgemein zugänglichen Wohlstand hinausragt. Luxus befindet sich sozusagen immer auf der Überholspur zum bestehenden Markt. Dies gilt vor allem für qualitativ verstandenen Luxus – von Materialqualität und Ästhetik besonders hochwertiger Güter, die dem Kriterium der Rarität entsprechen wie zum Beispiel nach Designerentwürfen mundgeblasene Kristall-Lampenschirme oder das ‚Meisterstück' einer Luxuslimousine."[16]

Bei Luxus geht es also um *hochwertige Qualität* und *erlesene Mach-Art*. Dieser *materielle* Aspekt ist jedoch nur eine Seite des Luxus. Für den Verkauf wird auch eine andere Seite der begehrten Dinge immer wichtiger - die der *immateriellen Werte*. Der Wert der Werte für den Verkauf wird bereits deutlich, wenn wir die Bedeutung dieses Begriffs betrachten, wie sie trocken in einem Lexikon erklärt wird. Ein „Wert" ist demnach die „... Vorstellung über das Wünschenswerte als grundlegender Orientierungsmaßstab bei Handlungsalternativen ...".[17] Wichtig sind uns hier zwei Aspekte:

- Zum einen geht es bei Werten um das, was man sich wünscht und anstrebt.
- Zum anderen helfen uns deshalb Werte dabei, Entscheidungen zu treffen, sie haben eine Wegweiserfunktion.

Doch um welche Werte geht es genau, wie können wir sie inhaltlich fassen? Versicherungen gehören zu den Unternehmen, die das Kundenverhalten sehr genau unter die Lupe nehmen. So zeigt eine Studie der Allianzgroup zu Zielen und Plänen der Menschen in Deutschland, dass für diese zwei Werte im Mittelpunkt stehen: *„Sicherheit"* und *„Selbstbestimmung"*.[18] Lassen wir in Sachen „Werte" auch zwei Trendforscher zu Wort kommen: „Der Einzelne wird noch stärker als bisher selbst darüber entscheiden, wie er sein Leben gestaltet, und wie er sich verhält, und er wird dies mit ‚gutem Gewissen' tun, da hierüber Konsens besteht. Die weitere Reduzierung und Flexibilisierung der Arbeitszeit bei zumeist gesichertem Einkommen, die mit wachsender Medienvielfalt und deren Nutzung jederzeit verfügbare Information über das, was man tun kann und was andere tun, erweitert die Möglichkeit der individuellen Autonomie zusätzlich."[19] Der Wert der Werte rückt mehr und mehr in den Mittelpunkt unseres Denkens und Handelns. Wie wir jetzt schon sehen, wünschen sich die Menschen Sicherheit und die Möglichkeiten, ihr Leben individuell und autonom zu gestalten. Uns scheinen insgesamt vor allem die folgenden Werte für die Zukunft des Verkaufens besonders wichtig zu sein. Wir begnügen uns hier mit Stichworten, sie reichen aus, um das Gemeinte zu verdeutlichen:

- Individualität
- Selbstbestimmung
- Sicherheit
- Beständigkeit
- Tradition
- Vertrauen
- Pflichterfüllung
- Leistung
- Professionalität
- Freundschaft
- Partnerschaft
- Fairness
- Glaubwürdigkeit
- Ästhetik
- Stil
- Qualität
- Gesundheit
- Lebensfreude
- Freiheit

Aus einer etwas anderen Perspektive schildert der Schriftsteller Hans Magnus Enzensberger, welche immateriellen Werte zunehmend an Bedeutung gewinnen: „Der Luxus der Zukunft verabschiedet sich vom Überflüssigen und strebt nach dem Notwendigen, von dem zu befürchten ist, dass es nur noch den Wenigsten zu Gebote steht. Das worauf es ankommt, hat kein Duty Free Shop zu bieten.“[20] Enzensberger geht es hier um folgende Werte:

- Zeit
- Aufmerksamkeit
- Raum
- Ruhe
- Umwelt
- Sicherheit

Diese begehrten Werte und „Notwendigkeiten“ bestimmen die immaterielle Seite dessen, was wir unter dem neuen Luxus verstehen, eines Luxus, der weit über das Produkt im engeren Sinne hinausgeht. Dennoch haben auch diese immateriellen Güter einen wunderbar materiellen Aspekt: Denn genau dafür sind anspruchsvolle Kunden bereit, hohe Preise zu bezahlen! Dies gilt nicht nur für den Consumer-Bereich, der Wert der Werte prägt auch das Verkaufen im Business-to-Business-Bereich. Aus einem ganz einfachen Grund: Ansprechpartner sind hier nicht irgendwelche abstrakten Unternehmen, Organisationen und Funktionen, sondern schlicht und einfach Menschen - Mitarbeiterinnen und Mitarbeiter, Fach- und Führungskräfte, Geschäftsführer und Vorstände. *Verkaufen ist immer ein Business von Mensch zu Mensch.* Einer unserer Kunden stattet Büros von Top-Managern und Unternehmern aus. Er ist dabei sehr erfolgreich. Denn seine Leistungen, sein Auftreten, seine ganze Persönlichkeiten entsprechen den Werten, die seinen Kunden wichtig sind. Er selbst verkörpert für sie einen gewinnenden „Added Value".

Marken machen mobil

Werte werden also immer wichtiger. Und nichts bündelt in unserer Konsumwelt ersehnte Werte so sehr wie *starke Marken*. Im „agenturcafe", dem Web-Portal einer internationalen Agenturgruppe, lesen wir: „Die Gesellschaft ist in einem stetigen Wandel begriffen. Die Wertesysteme zerbröseln. Immer mehr übernehmen die Marken derartige Funktionen: Sie vermitteln und definieren individuelle und soziale Werte. Im Konsum nehmen die Verbraucher an der Wertwelt der Marke teil und identifizieren sich mit ihr."[21] Und genau dies macht sich auch eine erfolgreiche Markenkommunikation zunutze. So wirbt Patek Philippe in einer Anzeige mit der Headline: „Eine Patek Philippe gehört einem nie ganz allein. Man erfreut sich ein Leben lang an ihr, aber eigentlich bewahrt man sie für die nächste Generation." Hier geht es um Werte wie *Tradition*, *Beständigkeit* und *Qualität*. Wir wollen hier nicht definieren, was Marken sind, wie man sie entwickelt und führt. Uns geht es um die Verkaufsrelevanz starker Marken, darum, wie attraktive Werte über Marken transportiert und im Verkauf vermittelt werden, und da spielen zwei Erkenntnisse eine wichtige Rolle:

- Erstens: Eine Marke ist ein Versprechen.
- Zweitens, wie die Werberlegende Vilim Vasata einen seiner Freunde zitiert: „*A brand is a relationship*."[22]

Beide Feststellungen gelten sowohl für den Endverbrauchermarkt als auch für den Business-to-Business-Bereich. Kommen wir zuerst zu der „Marke als Versprechen". Diese Versprechen folgen, wenn wir gut geführte Marken betrachten, klar definierten Markenwerten, sie beschreiben, wofür eine Marke steht, oder besser gesagt: Wofür sie *in den Augen der Kunden* stehen sollte. Hier geht es um bereits genannte Werte wie Leistung, Spaß, Qualität, Zuverlässigkeit, Vertrauen und viele andere mehr. Ein Beispiel: BMW hat diese Verbindung von Marke, Wert und Versprechen aufgegriffen, als es mit einer Broschüre die Markteinführung der Limousinen 760i und 760Li begleitet hat, der „ersten 12-Zylinder mit Direkteinspritzung und Valvetronic-Technik". Bereits auf der Titelseite dieser Broschüre lesen wir in direkter Verbindung mit dem Markenlogo: „Diese Marke ist ein Versprechen". In dem Prospekt heißt es weiter, es gehe um das Versprechen, „konsequent nach vorn zu blicken" und das Versprechen, „Herausforderungen anzunehmen". Solche Versprechen arbeiten auf drei unterschiedlichen Ebenen:

- *Produkt*: Sie sagen etwas über das Unternehmen aus und über das Produkt. BMW verspricht, nach vorne zu blicken: Hier geht es um das Thema „Innovation". Kunden wird signalisiert, dass das beworbene Produkt diesem Anspruch, innovativ zu sein, auch wirklich folgt.
- *Kunden*: Der Wille, „Herausforderungen" anzunehmen, entspricht dem Selbstverständnis der Zielgruppe. Sie erkennt sich in dieser Botschaft wieder. Produkt und Kunden werden hier in einem gemeinsamen Wertesystem zusammengeführt. So wird Kunden ein starkes Identifikationsangebot gemacht.

- *Verkäufer*: Leistungsversprechen und das Vermitteln entsprechender Werte können nur „wirken", wenn sie konsequent kommuniziert und glaubwürdig vermittelt werden. Und hier kommt der Verkäufer ins Spiel. Denn auch er steht in der Verantwortung, Werte und Versprechen, die eine Marke macht, zu *repräsentieren* und *einzulösen*. Kunden, die ein bestimmtes Markenbild im Kopf haben, treten mit der entsprechenden Erwartung auch den Verkäufern dieser Markenprodukte gegenüber. *Gute Verkäufer sind gute Markenbotschafter.*

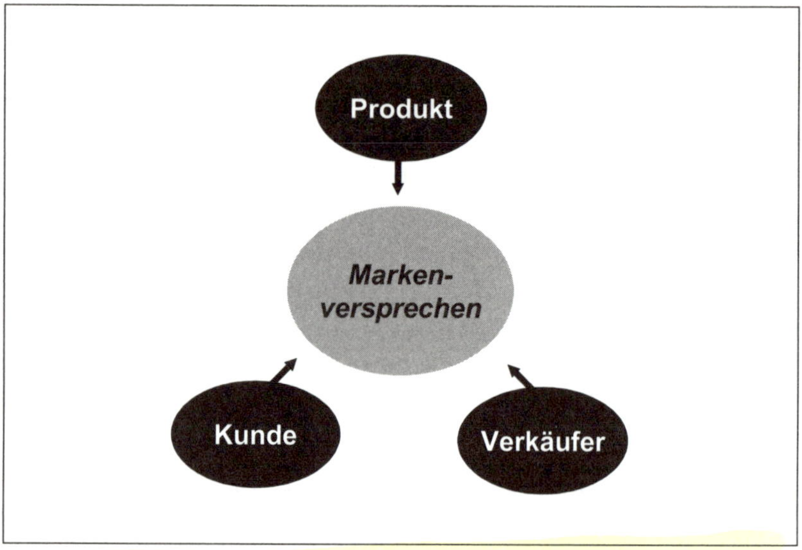

Markenversprechen haben drei Ankerpunkte: das Produkt, den Kunden und den Verkäufer.

Ein Unternehmen, das in der Markenkommunikation verspricht, „Herausforderungen anzunehmen", braucht Verkäufer, die sich in diesem Sinne aktiv zeigen – die sich für ihre Kunden engagieren, die aktiv sind, denen kein Wunsch ihrer Kunden zu groß ist. Stellen Sie sich vor, Sie lesen die Produkt-Broschüre eines Autohauses, in der von „Leistung" und „Engagement" die Rede ist, fühlen sich von dem vermittelten Spirit angesprochen und wollen deshalb spontan eine Probefahrt vereinbaren. Doch was Sie von Ihrem Ansprechpartner zu hören bekommen, ist etwas wie: „Das ist gerade ganz schlecht, rufen Sie doch nächste Woche noch einmal an." Hier würde sich das gemachte Versprechen als Schall und Rauch erweisen. Die teuren Werbeaufwendungen wären sinnlos. Schlimmer noch: In solchen Fällen geht immer auch Vertrauen verloren. Und Vertrauen ist, neben Sympathie, das wichtigste Kapital, das Sie als Verkäufer haben – *Vertrauen verkauft*! Dazu ein Statement von Werbeprofi Rainer Zimmermann. Es fasst die wesentlichen Punkte zusammen: „Marken addieren einen Mehrwert für den Verbraucher und für das produktvermarktende Unternehmen. Für den Verbraucher stiften sie Orientierung, Vertrauen und Leistungsgarantie, für das Unternehmen ermöglichen sie einen Preisaufschlag. Nur wer seine Marke langfristig und glaubwürdig führt, kann diese Win-Win-Situation für Unternehmen und Verbraucher aufrechterhalten."[23] Rainer Zimmermann weiß: Es geht um Werte – und den daraus resultierenden Mehr-Wert, es geht um Vertrauen und die Garantie, für bestimmte Leistungen zu stehen. Der entscheidende Schritt: Davon profitiert nicht nur der Kunde, sondern auch das Unternehmen. Werte sind schließlich das, was Kunden etwas wert ist, sprich, wofür sie bereit sind, ihr Geld zu investieren. Die Marke als Garant für Qualität ist vor allem im Verkauf an Geschäftskunden extrem wichtig. Ein Zahnarzt, der seine Praxis mit neuen Geräten ausstattet, wird in der Regel nur starken Marken vertrauen. Denn er muss sich darauf verlassen können, dass sein Equipment absolut zuverlässig ist. Die Marke ist für ihn eine „Leistungsversicherung".

Ein weiteres Beispiel: Die Edelmarke Lexus bewarb Anfang 2004 ihre Automobile in einem Prospekt, der konsequent an dem Keyword „Luxus" aufgehängt war. Wir lesen: „Wer einen Lexus fährt, muss niemandem mehr etwas beweisen. Das Lexus Logo steht ohne Zweifel für Individualität, Charakterstärke und einen Anspruch, der über traditionelles Statusdenken erhaben ist." Geschickt verknüpfen hier die erfolgreichen Japaner Markenwerte und Persönlichkeitsprofil ihrer Zielgruppe. Als Verkäufer finden Sie in solchen Botschaften wertvolle Hinweise dafür, wie Sie mit Ihren Kunden umgehen sollten, welches Auftreten diese von Ihnen erwarten, mit welchen Statements und Botschaften Sie bei ihnen ans Ziel kommen. Doch dazu später mehr.

Starke Marken stehen also für Werte und machen entsprechende Identifikationsangebote und Leistungsversprechen. Sie weisen weit über das eigentliche Produkt hinaus. Ihre Kraft besteht darin, eine *Wertewelt* und ein bestimmtes *Lebensgefühl* zu vermitteln – und den Kunden daran teilhaben zu lassen. Eine erfolgreiche Marke macht aus einem Produkt ein Erlebnis. Sie macht es zu etwas Besonderem – und somit auch den, der es sein Eigentum nennen darf. Dieser Image-Transfer von Marken auf „Marken-Konsumenten" sorgt letzten Endes auch für den Transfer hart erarbeiteten Geldes in die Kassen des Handels. Der Verkäufer spielt dabei die Rolle eines Transmissionsriemens, der für einen reibungslosen Austausch des jeweils Gewünschten sorgt. Er lässt Markenwerte den Kunden gegenüber lebendig werden – und sie danken es ihm mit entsprechenden Investments.

Und hier knüpft unmittelbar unsere zweite Erkenntnis darüber an, was erfolgreiche Marken ausmacht. Wir zitieren noch einmal: „A brand is a relationship." Eine Marke mit all ihren Werten existiert nicht im luftleeren Raum, sie braucht die lebendige Verbindung mit dem Kunden, um zu einer Marke zu werden. Und genau diese Verbindung zwischen Markenprodukt und Kunde herzustellen, ist eine der wesentlichen Aufgaben von Verkäufern, die sich im Bereich hochwertiger Produkte und Dienstleistungen engagieren. An ihnen liegt es, Markenwerte lebendig werden zu lassen, ihnen eine greifbare Kontur zu geben, sie in die Köpfe und Herzen der Kunden zu tragen und dort zu *„verankern"*. Verkäufer, die sich in der Premium-Welt bewegen, sollten sich auch in diesem Sinne als *Relationship Manager* verstehen. Sie haben die Aufgabe, die Beziehung zwischen Produkt und Kunde zu knüpfen und immer wieder aufs Neue zu festigen.

Verkaufen ist im Premium-Bereich somit immer auch *Wert-Arbeit* und ein gelungener Umgang mit Markenbotschaften und -versprechen wie „Qualität" und „Machart". Hier liegt ein wichtiger Schlüssel zum Erfolg. Wer über ihn verfügt, hat Zugang zu immensen Chancen. Außerordentlich gut gelingt dies beispielsweise Louis Vuitton, einem Inbegriff des neuen Luxus. Yves Carcelles, Präsident der Nobelmarke, antwortete auf die Frage nach dem Grund für den andauernden Erfolg seines Unternehmens: „Wir sind zwar flexibel, aber wir haben die Souveränität von langfristigem Management. Bei uns funktioniert der magische Mix aus den ewigen Werten, der Marke, Handwerk und Verlässlichkeit."[24] Genau diese Dinge lassen das Herz anspruchsvoller Kunden schneller schlagen, und derjenige, der ihren Kreislauf so richtig in Schwung bringt, kann nur der Verkäufer sein.

Der Premium-Kunde

Wir haben gesehen: Hochwertige Produkte und der „neue Luxus" finden immer mehr Freunde. Auch Normalverdiener leisten sich immer wieder etwas Besonderes, weil sie dafür an anderer Stelle ein Schnäppchen machen können - denken wir an das Bild der Sanduhr. Dabei wird auch deutlich: Der Kreis der „Luxus-Kunden" weitet sich aus. „Luxe Populi steht für das neue, militante Gefühl unter Konsumenten, ein Recht auf das Beste vom Besten zu haben. Während Prestigeprodukte und -dienstleistungen früher den Reichen und Adeligen vorbehalten waren, ist heute das Volk entschlossen, diese exklusiven Domänen zu erobern und seinen rechtmäßigen Anteil an den Trophäen der Elite zu fordern", so Melinda Davis.[25] Für den Verkauf sind dabei folgende Fragen entscheidend: Wer sind diese Kunden, wie „ticken" sie, welche Befindlichkeiten haben sie? Von welchen Anforderungen und Wünschen lassen sie sich bei ihren Kaufentscheidungen leiten?

Insgesamt bietet sich hier ein differenziertes Bild. Im Rahmen dieses Buches können wir hier nicht alle Details herausarbeiten. Müssen wir auch nicht. Denn wir können uns auf einen *„Prototyp"* konzentrieren, der für einen neuen Kundentyp steht - wir nennen ihn den *„Premium-Kunden"*. Dieser Premium-Kunde ist für uns und für Verkäufer hochwertiger Produkte und Dienstleistungen aus zwei Gründen besonders interessant: Erstens handelt es sich bei den Premium-Kunden um eine Kundengruppe, die über ausreichend finanziellen Spielraum verfügt, um sich regelmäßig Waren und Leistungen im Top-Segment gönnen zu können. Und zweitens: Die Premium-Kunden vereinen in sich viele Merkmale, die wir auch bei anderen Kundengruppen wiederfinden. Der Premium-Kunde ist eine „Blaupause", die auf andere Kundengruppen übertragen werden kann. Wer weiß, wie er an Premium-Kunden verkauft, der wird auch bei anderen Kundengruppen reüssieren.

Top-Kunden mit Top-Ansprüchen

Schauen wir uns jetzt den Premium-Kunden etwas genauer an, der als Kunde den neuen Luxus erwerben will, der hochwertige Produkte und Dienstleistungen nutzen möchte. Das augenfälligste Merkmal: Premium-Kunden haben Geld. Sie zeichnen sich jedoch nicht in erster Linie durch ein gut ausgestattetes Bankkonto aus. Ein „Sechser" im Lotto ist noch lange keine Eintrittskarte in den Kreis der Top-Kunden. Premium-Kunden gehören eher zu denjenigen, von denen man landläufig sagt, sie hätten es - durch Leistung, Engagement und Können - geschafft und zu etwas gebracht oder sie befinden sich auf dem sicheren Weg zu beruflichem Erfolg und finanziellem Wohlstand. Zu ihnen gehören die Leistungsbringer unserer Gesellschaft: Unternehmer, Geschäftsführer und Hochschullehrer, Anwälte, Ärzte und Manager und andere mehr. Sie alle engagieren sich auf einem hohen Niveau, ein mit Arbeit gesegneter Zwölfstundentag ist für sie keine Seltenheit.

Premium-Kunden sind gut ausgebildete und sehr interessierte Menschen, sie verfügen über eine bessere Bildung als der Durchschnitt, sie reisen viel und sind weltgewandt. Sie wissen, wie man auftritt. Und - dies ist besonders wichtig - die zuvor beschriebenen Werte liegen ihnen besonders am Herzen. Individualität und Selbstbestimmung zählen für sie zu den wichtigsten Gütern. Ästhetik, Stil und guter Geschmack gehören zu ihrem gelebten Selbstverständnis. Und weil sie selbst Tag für Tag dem Leistungsprinzip folgen, erwarten sie auch von anderen Einsatz, Engagement und Spitzenleistungen.

Zu ihrem Merkmal, über eine besondere Individualität zu verfügen, gehört auch, dass sie sich viele Gedanken über sich selbst machen, über ihre Ziele, Wünsche, Ansprüche und Hoffnungen. Auch deshalb verfügen sie über eine sehr ausgeprägte und differenzierte Werthaltung. Und vor allem: Premium-Kunden haben kein Problem mit Luxus, teuren Produkten und Dienstleistungen. Sie genießen diese Dinge, sie sehen in ihnen einen Gegenwert für das Engagement, das sie an den Tag legen. Gerade, weil sie sich etwas leisten wollen, leisten sie selbst sehr viel, krempeln in ihrem Job die Ärmel hoch und packen kräftig an. Ihnen macht es einfach Spaß, sich selbst einen Porsche zu leisten und ihrer Frau eine Cartier-Uhr zu schenken, es gehört zu ihrer Kultur, eine Luxusreise in die Südsee zu buchen, es entspricht dem Stil von Premium-Kundinnen, sich edle Haute Couture zu leisten und am Wochenende ein Champagnerfrühstück zu genießen. Wenn den Premium-Kunden irgendein Gedanke fern ist, dann der, dass Luxus Verschwendung und sinnloses Prassen wäre. Die schönen und hochwertigen Dinge des Lebens sind für sie ein wichtiger Teil des Lebens selbst.

Was Premium-Kunden auszeichnet

Premium-Kunden sind individuelle Persönlichkeiten; sie gleichen sich darin, sich eben nicht zu gleichen. Dennoch gibt es bestimmte Merkmale, die wohl allen gemeinsam sind. Premium-Kunden

- besitzen Geld,
- suchen das Besondere und lieben starke Marken,
- sind anspruchsvoll,
- wollen sich wohlfühlen,
- fordern Leistung und leistungsorientierten Service,
- sind verwöhnt,
- sind selbstbewusst und suchen Anschluss an andere,
- wollen interessante Menschen kennen lernen,
- wünschen Qualität, Image, Prestige, Werte und Emotionen,
- wollen sich identifizieren,
- möchten etwas Besonderes sein.

Premium-Kunden sind bereit, für Luxus, für hochwertige Produkte und Dienstleistungen eine Menge Geld auszugeben - ob es darum geht, einen neuen Wagen zu erwerben oder eine Hightech-Ausstattung für ihre Zahnarztpraxis. Denn, wie gesagt, zum einen müssen sie ihren Geldbeutel nicht zunähen, und zum anderen rechnen sie mit einem attraktiven Return on Investment. Vor jedem Kauf und jedem Abschluss stellen sie dazu eine mehr oder weniger explizite Kosten-Nutzen-Kalkulation an, die *fünf wesentlichen Leitfragen* folgt.

Die fünf Leitfragen der Premium-Kunden

- *Leitfrage 1: Ist das Angebot qualitativ überzeugend?* Luxus macht nur Spaß, wenn man etwas davon versteht. Premium-Kunden kennen sich deshalb in der Regel bestens aus, was Produktmerkmale angeht. Weil sie oft echte Kenner sind, legen sie hier extrem hohe *Qualitätsmaßstäbe* an. Produkte und Dienstleistungen müssen deshalb über eine starke Überzeugungskraft verfügen, die sich bereits aus den blanken *Produkteigenschaften* oder dem Leistungsprofil ergibt. Ein Beispiel: Der Geschäftsführer eines Restaurants will seinen Gästen etwas Besonderes bieten. Er interessiert sich deshalb für einen Humidor für 10 000 Euro. Ihm ist es wichtig, dass die Materialien erstklassig sind, dass die Verarbeitung perfekt ist, und dass die Klimatechnik dem State of the Art entspricht.
- *Leitfrage 2: Verfügt das Produkt über eine einzigartige Funktionalität?* Für bloße Spielereien haben Premium-Kunden keinen Sinn. Form, das heißt auch Produktmerkmale und Qualität, und Funktion müssen für sie ein harmonisches Ganzes bietet. Sie legen Wert darauf, dass die Produkteigenschaften intelligent und elegant zu einer überlegenen Funktion und Nutzbarkeit führen. Für unseren Restaurantchef ist die Frage wichtig, ob die aufwändige Klimatechnik sich in überzeugenden Leistungsmerkmalen wie Temperatur- und Feuchtigkeitskonstanz niederschlägt.

- *Leitfrage 3: Hilft mir das Angebot, meine Probleme zu lösen bzw. meine Herausforderungen zu meistern*? Der Frage nach der Funktionalität folgt unmittelbar die Frage nach dem „Lösungspotenzial" eines Angebots. Funktion ohne *Wertschöpfungskraft* ist uninteressant. Um bei unserem Beispiel zu bleiben, der Gastronom fragt sich: Kann ich mit dem Humidor meinen Gästen tatsächlich etwas Außergewöhnliches bieten, stellt er für sie einen attraktiven Zusatznutzen dar, der sie mein Restaurant gerne immer wieder besuchen lässt? Hilft es mir also, Kunden zu gewinnen und zu binden und letzten Endes mehr zu verdienen?
- *Leitfrage 4: Bietet mir das Angebot den emotionalen Mehrwert, den ich mir wünsche*? Dieser Schritt ist wichtig. Bislang hatten wir eine rationale Kette entwickelt, die aus sachlichen Fragen besteht: Produktmerkmale, Funktionalität und Lösungspotenzial lassen sich rational klar fassen. Gerade Premium-Kunden suchen jedoch den entscheidenden Mehr-Wert, der über die reinen Produktmerkmale und die entsprechenden Nutzenaspekte hinausweist. Sie fragen nach den *immateriellen Werten* und nach dem *emotionalen Benefit*. Hier geht es ihnen um die zuvor beschriebenen Werte wie „Tradition", „Stil", „Lebensfreude" und andere mehr. Der Humidor unseres Beispiels bietet hier eine ganze Menge. Seine hochwertigen Materialien und die aufwändige Verarbeitung sorgen für einen ästhetischen Genuss. Der Zigarrenschrein stellt auch etwas dar. Wer ihn sein Eigen nennen darf, kann darauf stolz sein. Zudem macht es Freude, wenn man seinen Gästen etwas so Luxuriöses bieten kann. Andere Überlegungen können hier ebenfalls eine Rolle spielen, zum Beispiel der Wert „Ökologie". Vielleicht fragt sich unser Restaurantchef: Ist das Holz aus einem ökologisch sinnvollen Anbau gewonnen? Verbraucht das Klimasystem nicht zuviel Energie? Fragen, die auf den emotionalen Kern eines Produkts zielen, sind in der Regel auch Fragen nach seiner „Story": Wie kamen die Hersteller auf die Idee, außeror-

dentlich teure Humidore anzubieten? Gegen welche Widerstände mussten sie sich durchsetzen? Was treibt sie weiter an? Premium-Kunden schätzen solche emotionalen „Produktmerkmale".

- *Leitfrage 5: Ist das Angebot seinen hohen Preis wert*? Diese Frage bildet die Summe aller anderen Fragen. Wenn diese im Einzelnen positiv beantwortet werden, spielt das Geld nicht die entscheidende Rolle. Der Premium-Kunde will das Produkt oder die Dienstleistung haben bzw. in Anspruch nehmen. Preis und Gegen-Wert müssen sich dabei auf einem hohen Niveau *die Waage halten.* Auch der Gastronom wird den hochpreisigen Humidor für seinen Betrieb ordern, wenn er von dessen rationalem und emotionalem Wert überzeugt ist. Gerade Geschäftskunden machen diese Rechnung auf – auch wenn sie für ein Produkt bereits Feuer und Flamme sind.

Für den Verkäufer bedeutet das: Hier ist eine Menge *Überzeugungsarbeit* gefragt. Diese fünf Fragen wollen schließlich fundiert beantwortet werden. Diese Aufgabe ist zum einen nicht trivial, denn sie erfordert viel verkäuferisches Know-how und Do-how. Diese Aufgabe ist jedoch auch lösbar. Denn die fünf Leitfragen stecken einen Rahmen ab, innerhalb dessen sich Verkaufsgespräche mit einem Premium-Kunde bewegen sollten. Wir werden darauf immer wieder zu sprechen kommen, und im dritten Kapitel zeigen wir Ihnen, wie Sie sich diese fünf Leitfragen in Ihren Verkaufsgesprächen mit Premium-Kunden zunutze machen können. Jetzt möchten wir Ihnen den Premium-Kunden jedoch erst einmal noch etwas ausführlicher vorstellen.

Apropos „Überzeugungsarbeit": Die Fähigkeit, professionelle Überzeugungsarbeit leisten zu können, wird auch aus folgendem Grund immer wichtiger. Premium-Kunden haben einen Bezugspunkt: ihre Werte und Ansprüche, ihnen gegenüber sind sie loyal – und auch gegenüber sich selbst. Ihre Loyalität gegenüber bestimmten Produkten und Marken hält sich hingegen in sehr bescheidenen Grenzen. Der Geschäftsführer, der heute seinen Fuhrpark mit Audi-Limousinen ausstattet, bestückt ihn morgen vielleicht mit Wagen von BMW. Kunden müssen für eine Marke in der Regel *immer wieder aufs Neue* gewonnen werden. Gerade dieser Punkt ist für viele Verkaufsteams ein Problem – vor allem dann, wenn sie dieses Problem noch nicht oder nicht in vollem Ausmaß erkannt haben.

Wir haben bereits gesehen: Luxus ist teuer, individuell, begehrt und in der Prioritätenliste ganz oben. Wie wir ebenfalls festgestellt haben, messen Premium-Kunden „Luxus“ jedoch auch daran, welche persönlichen Vorteile ihnen ein Kauf bringt. Technische Daten sind dabei nach wie vor sehr wichtig. Entscheidend ist jedoch auch die Einschätzung der Kunden, in welchem Maß ein Produkt dazu beiträgt, ihr *Prestige* zu mehren und ihren *Status* zu verbessern, welche Möglichkeiten es ihnen bietet, ihre Akzeptanz innerhalb der von ihnen bevorzugten gesellschaftlichen Gruppe zu verbessern und zu festigen. Denken Sie nur an „elitäre Sportarten“. Für viele Menschen steht hier nicht die sportliche Betätigung im Mittelpunkt, sondern das gute Gefühl: „Wir gehören dazu!“ Hier wird auch deutlich, dass Luxus keine feste Größe ist, sondern einem Wandel unterliegt. Vor ein paar Jahren noch fand man in den Tennisclubs fast ausschließlich leitende Angestellte, Unternehmer und Freiberufler. Dann hat die Tenniswelle ganz Deutschland erfasst, der „weiße Sport“ wurde populär, und immer mehr Menschen haben den Racket geschwungen und ihren Spaß daran gehabt; von Exklusivität konnte keine Rede mehr sein, wenn man von den teuren, etwas edleren Clubs einmal absieht. Die Rolle des Tennis hat dann das Golfen übernommen – und auch hier ist bereits ein Wandel im Gange. Luxus entsteht also immer im Auge des Betrachters, oder um noch einmal mit Melinda Davis zu sprechen: „Überzeugender, neuartiger Gewinn für den Konsumenten liegt ausschließlich in der Wirkung auf seine psychische Verfassung.“[26]

Luxus und Wertigkeit ist eine Frage der *Wahrnehmung*. Für den Premium-Kunden gilt mehr als für andere Kunden: *Perception is*

Reality. Und das Fantastische: Die Wahrnehmung kann man, zumindest zu einem gewissen Grad, steuern - nicht nur durch Werbung und Marketing, sondern auch im direkten Gespräch mit dem Kunden. Markenimages und Werte werden dabei zu „realen" integralen Bestandteilen von Produkten und Dienstleistungen. Sie sind kein bloßer Zuckerguss! Dies zu verstehen, ist ein wesentlicher Schritt, um den Premium-Kunden zu begreifen und ihn angemessen zu beraten und zu begleiten.

Premium-Kunde ist nicht gleich Smart Shopper

Premium-Kunden unterscheiden sich von einer anderen Spezies moderner Kunden: den Smart Shoppern. Um den Premium-Kunden besser zu verstehen, ist es wichtig, auch einen kurzen Blick auf den Smart Shopper zu werfen. Allerdings, dies sei hier klar gesagt, sind die Grenzen zwischen beiden Typen fließend. Kunden lassen sich nicht so leicht in ein bestimmtes Raster pressen. Lassen Sie uns dennoch im Sinne einer Kontrastverstärkung beide in einer etwas plakativeren Form einander gegenüberstellen.

Während für Premium-Kunden in erster Linie Image, Qualität, Werte und das Einkaufserlebnis im Mittelpunkt stehen, geht es dem Smart Shopper vor allem um den Preis. Besser gesagt: Es geht ihm darum, einen Nachlass zu erstreiten. Dabei lässt er sich von einem gewissen sportlichen Ehrgeiz leiten. Erlauben Sie uns bitte, uns dazu selbst zu zitieren: „Ihr Feilschtrieb nährt sich vor allem auch aus dem Bedürfnis, sich selbst und anderen beweisen zu wollen, dass sie cool und smart genug sind, Markenartikel zu Tiefstpreisen einkaufen zu können. 25 Prozent Rabatt ausgehandelt zu haben ist der Gipfel an Selbstbestätigung. Außerdem ist es en vogue, nach einem erfolgreichen Einkauf bei Freunden und Bekannten mit Prozentzahlen zu protzen, die man beim Kauf eines Markenartikels als Nachlass erhalten hat. Smart Shopper sind vergleichbar mit Trophäenjägern. Wer die cleversten Käufe tätigt, hat das höchste Sozialprestige im Club der intelligenten Kunden."[27]

Natürlich achten auch Premium-Kunden auf den Preis. Ihnen geht es jedoch nicht so sehr darum, ihn zu drücken, sondern für den Preis, sei er auch noch so hoch, einen angemessenen *Gegenwert* zu erhalten. Dies ist der entscheidende Punkt! Der Banker, der sich einen teuren Anzug schneidern lässt, erwartet erstklassiges Material, handwerkliche Kunst und eine perfekte Passform. Der IT-Leiter, der ein neues Rechnernetz installieren lässt, erwartet ein Höchstmaß an Zuverlässigkeit und Support.

Premium-Kunden ...	**Smart Shopper ...**
■ achten vor allem auf den Wert, den ein Angebot für sie hat	■ achten in erster Linie auf den Preis
■ erwarten einen qualitativ hochwertigen Zusatznutzen	■ erwarten Rabatte
■ genießen wertvolle Produkte	■ genießen es, wenn sie mit hohen Nachlässen prahlen können
■ präsentieren „was sie haben" mit sehr viel Understatement	■ präsentieren „was sie haben" offensiv und plakativ
■ schätzen ein attraktives Kauferlebnis und kompetente Beratung	■ schätzen das „schnelle Geschäft"

Premium-Kunden und Smart Shopper: Verkäufer müssen lernen, differenziert mit beiden umzugehen. Denn sie haben jeweils unterschiedliche Interessen.

Was Premium-Kunden antreibt

Nachdem wir den Premium-Kunden ein wenig kennen gelernt haben, fragen wir uns jetzt etwas genauer, was ihn dazu bewegt, sein Geld für bestimmte Produkte und Angebote auszugeben. Klar: Er hat das Geld eben – und wer will nicht in den Genuss von Luxuswaren und hochwertigen Angeboten kommen. Doch um als Verkäufer Produkte und Dienstleistungen erfolgreich an den Premium-Kunden verkaufen zu können, müssen wir ihn noch besser verstehen und seinen *Antriebskräften* und Grundbedürfnissen nachspüren. Wir haben ja bereits gesehen, dass es ihm um Werte wie Individualität und Selbstbestimmung geht, um Qualität und Nutzenaspekte, um Emotionen und Prestige. Doch was verbirgt sich hinter diesen Wünschen? Woraus ergeben sie sich? Was sind die treibenden Kräfte, die den Premium-Kunden sein Geld gut und gerne ausgeben lassen?

Wir beschäftigen uns seit vielen Jahren mit Unternehmen und Kunden im Premium-Segment. Nach vielen Gesprächen, Seminaren und Projekten kommen wir immer mehr zu der Überzeugung, dass es genau *vier Motive* gibt, die das Kaufverhalten des Premium-Kunden bestimmen. Und wir freuen uns, dass zwei renommierte Wissenschaftler ein Modell menschlichen Verhaltens entwickelt haben, das sich mit unseren eigenen Erfahrungen an der Verkaufsfront im Premium-Bereich bestens deckt. Die Denker, denen wir hier folgen, heißen Paul R. Lawrence, Professor emeritus für Organisationsverhalten der Harvard Business School, und Nitin Nohria, Professor für Business Administration und für Organisationsverhalten an derselben Institution. Ihre grundlegende These besteht darin, dass es ein *Vier-Faktoren-Modell menschlichen Verhaltens* gibt, das biologische und sozialwissenschaftliche Erkenntnisse zu einer neuen Synthese zusammenführt. Lassen wir sie selbst kurz zu Wort kommen – in ihrem Werk „Driven" beschreiben sie „… vier angeborene Primärtriebe, die unserer Ansicht nach fest in das Gehirn aller Menschen ‚eingebaut' sind und maßgeblich Einfluss auf unsere Entscheidungen haben: Der *Erwerbstrieb* lässt uns Gegenstände und Erfahrungen sammeln, die unseren Status im Verhältnis zu anderen verbessern. Der *Bindungstrieb* bringt uns dazu, langfristige Beziehungen anzuknüpfen, die sich durch gegenseitiges Interesse und Engagement auszeichnen. Durch den *Lerntrieb* verspüren wir den Drang, die Welt und uns selbst zu erforschen und zu verstehen. Die vierte Antriebskraft ist der Wunsch, uns selbst, unsere Liebsten, unsere Überzeugungen und unsere Ressourcen *vor Schaden zu bewahren.*“[28] Wenn wir im Folgenden dieses Modell auf unser Thema übertragen, werden Sie sehen, dass wir damit ein solides Fundament für das bislang Gesagte setzen können.

Diese vier Motive bestimmen das Kaufverhalten des Premium-Kunden:

- *Motiv 1: Der Erwerbstrieb – oder der Wunsch, sich positiv abzuheben.* Hier geht es darum, durch den Erwerb materieller und immaterieller Dinge, seinen *relativen* Status gegenüber anderen zu verbessern. Es geht also nicht einfach darum, beispielsweise mehr Geld als bisher zu verdienen. Menschen, die einen ausgeprägten Erwerbstrieb haben, wollen mehr Geld *als andere* verdienen. Im Mittelpunkt steht immer der Wunsch, seine Position im Vergleich mit potenziellen „Mitbewerbern“ zu verbessern. Für den Premium-Kunden bedeutet das: Ein Produkt muss ihm die Möglichkeit bieten, sich von anderen abzuheben. Er will mit ihm seine *Individualität* stärken und an *Prestige* gewinnen. Dieser Trieb macht deutlich, warum es nicht einfach um den bloßen Produktnutzen geht, sondern ergänzend um den Imagegewinn – denn er ist es schließlich, der den *relativen* Vorsprung gegenüber anderen nach außen deutlich sichtbar macht.

  Dieses „Relativitätsprinzip des Verkaufens“ sollte allerdings nicht in allzu plakativer Weise verstanden werden: „Wer etwas Edles erwirbt, will dafür auch Anerkennung, aber in einer subtilen Weise“,[29] so Gianluca Brozzetti, Chef des Labels Asprey und Experte für erlesenen Luxus. Kunden, die sich etwas Luxuriöses gönnen, gehen damit mit sehr viel mehr Understatement um als noch vor ein paar Jahren. Eine Marke muss es schon sein, aber man will nicht mehr damit protzen. Markenlabels werden nur noch in einer sehr dezenten Form toleriert. Der Kenner sieht ohnehin auf den ersten Blick, aus welchem Haus das Edelsakko oder die noble Büroausstattung stammt. Und darauf kommt es den Premium-Kunden an. Sie möchten nicht bei allen und jedem Eindruck machen, ihnen ist es ausschließlich wichtig, innerhalb einer bestimmten Peergroup Signale zu senden.

- *Motiv 2: Der Bindungstrieb – oder der Wunsch, mit anderen Menschen das Leben zu genießen.* Menschen möchten gerne mit anderen Menschen zusammensein – mit ihren Partnern, mit ihrer Familie, mit Freunden und Bekannten. Gemeinsam kann man viele schöne Dinge einfach noch intensiver erleben. Für den Premium- Kunden bedeutet das: Er sehnt sich nach Produkten und Dienstleistungen, die ihm solche gemeinsamen Erlebnisse auf einem hohen Niveau ermöglichen. Dazu gehört ein Ferienhaus im Tessin, in das sich die Familie immer wieder mal ein paar Tage zurückziehen kann. Dazu gehört ein Segelboot, mit dem man mit ausgewählten Geschäftspartnern über den Bodensee kreuzen kann. Dazu gehört eine Luxusküche, in der man mit Freunden kochen und schlemmen kann. Der Edel-Küchenprofi Bulthaupt wirbt in einer Anzeige: „Beim Kochen hat sich ein grundlegender Wandel vollzogen. Immer mehr Menschen kochen nicht etwa, weil sie müssen, sondern weil sie wollen. Das kann nicht ohne Folgen für die Küche sein. Wer kocht, hat zum Beispiel gerne Familie und Freunde um sich, kann sich in geselliger Runde die notwendigen Arbeiten – wie Kartoffeln schälen, Schalotten schneiden, Abwaschen etc. – teilen, über Gott und die Welt reden und Hausaufgaben überwachen …“[30]

Hier wird bereits deutlich, dass die Triebkräfte in der Regel *kombiniert* wirken: Eine edle Küche im oberen Preissegment ist nicht nur eine ideale Plattform, um dem Bindungstrieb zu folgen. Sie weist ihren Besitzer auch als herausragenden Kenner aus, der weiß, wie er sein Geld investiert – der Erwerbstrieb lässt grüßen.

- *Motiv 3: Der Lerntrieb – oder der Wunsch, an Erfahrungen zu gewinnen.* Menschen sind von Natur aus neugierig, von Kindesbeinen an. Wir wollen die Welt und uns selbst verstehen. Und das ist auch sehr wichtig, nur so kann jeder Einzelne wachsen und zu einer individuellen Persönlichkeit reifen. Dazu möchten wir lernen, reisen, Neues erfahren und „Abenteuer" erleben. Für den Premium-Kunden bedeutet das: Er folgt seiner Neugierde mit aufwändigen Fernreisen oder kostspieligen Abenteuerurlauben. Er erweitert seinen Erfahrungsraum durch innovative Produkte wie technisch perfekte Automobile. Der Lerntrieb bewegt ihn dazu, immer bessere Restaurants aufzusuchen und immer edlere und teurere Weine zu genießen – zum Beispiel mit Freunden in einer geräumigen Nobelküche, wir erinnern uns: Die Triebkräfte bewegen uns in Kombination.
- *Motiv 4: Der Verteidigungstrieb – oder der Wunsch, Erworbenes, Geliebtes und Geschätztes zu bewahren und zu beschützen.* Dieser Antrieb hilft uns, uns vor Verlusten und vor Negativem zu schützen. Dabei geht es nicht nur um materielle Dinge, sondern auch um unser Selbstbild, unser Selbstverständnis, um Werte, die uns am Herzen liegen – kurz, es geht darum, alles zu bewahren und zu verteidigen, was uns wichtig ist. Weil der Premium-Kunde in der Regel ein stressiges Leben führt, sucht er, um seine Gesundheit zu schützen, Entspannung in seinem privaten, edlen Whirlpool. Weil sein Beruf an seinen Nerven zerrt, hält er sich in luxuriösen Wellness-Oasen und Sportstudios fit. Insgesamt achtet er auf einen hohen Komfort und entspannende Bequemlichkeit, um sich vor den negativen Folgen eines meist aufreibenden Berufslebens zu schützen. Weil er seinen *Status* als ausgezeichneter Arzt bewahren und verteidigen möchte, investiert er in hochwertige diagnostische Systeme. Zudem, und dies ist

ebenfalls wichtig: Er tut alles dafür, um sein exklusives *Selbstbild* zu wahren und zu schützen. Auf entsprechende Angriffe reagiert er sehr empfindlich. Versuchen Sie nur einmal, die Individualität eines Premium-Kunden in Frage zu stellen!

Soweit also die vier Triebkräfte des Premium-Kunden. Wenn wir sie verstehen, verstehen wir sehr viel davon, was unseren Top-Kunden antreibt, was ihn dazu motiviert, bestimmte Produkte zu erwerben - und warum er bereit ist, dafür auch eine ansehnliche finanzielle Großzügigkeit an den Tag zu legen. Für Verkäufer besteht die entscheidende Herausforderung darin, seine Verkaufsstrategie nach diesen Motivatoren seiner Kunden auszurichten, sie zumindest mit zu berücksichtigen. Wir werden später noch darauf zu sprechen kommen. Was wir hier schon sehen, und was für das Verkaufen im Premium-Segment entscheidend ist: Es geht den Kunden in diesem Bereich nicht ums schlichte Geld, es geht ihnen darum, ihre Wünsche und Bedürfnisse zu befriedigen - weil diese ihren ureigensten Antriebskräften entsprechen. Produkte und Dienstleistungen, die diesen Motivatoren *nachvollziehbar* und *wahrnehmbar* folgen, verfügen über eine extrem starke Anziehungskraft für den Premium-Kunden. Hier liegen die außerordentlichen Chancen für Verkäufer im Premium-Segment.

Die Triebkräfte des Premium-Kunden
■ *Erwerbstrieb*: den relativen Status gegenüber anderen verbessern.
■ *Bindungstrieb*: Beziehungen zu anderen Menschen knüpfen und pflegen.
■ *Lerntrieb*: neue Erfahrungen und Kenntnisse sammeln und den eigenen Horizont erweitern.
■ Verteidigungstrieb: Besitz, seine Lieben, sich selbst und sein Selbstbild beschützen und bewahren.

Die fünf Herausforderungen für den Verkäufer

Wir haben gesehen, dass sich das Verkaufen in weiten Teilen ändern wird - und sich bereits geändert hat. Für uns entscheidend ist die Feststellung, dass sich der Premium-Bereich sehr erfreulich entwickelt. Trotz der allseits beklagten negativen Stimmung finden sich immer mehr Menschen, die am Luxusleben teilnehmen möchten. Die „Demokratisierung des Luxus", wie die Boston Consulting Group diesen Trend nennt, bietet für den Verkauf große Chancen. Damit eng verbunden ist, wir haben es beschrieben, dass der Wert der Werte eine immer stärkere Rolle spielt. Individualität, Qualität, Leistung und andere Werte mehr finden ihre Entsprechung in hochwertigen Markenprodukten und Dienstleistungen. In diesem Kontext ist für uns vor allem der Premium-Kunde interessant. Unser Interesse für diesen Top-Kunden haben wir an folgenden Punkten festgemacht:

- Luxus bzw. hochwertige Produkte und Dienstleistungen gehören zu seinem Selbstverständnis. Er will Mobilität in einem Luxuswagen genießen, er möchte mit Freunden in einer edlen Küche nicht nur kochen, sondern Gemeinschaft erleben, er legt Wert darauf, mit Hochwertigem seinen erlesenen Stil auszudrücken.
- Der Premium-Kunde kann sich all dies auch leisten. Kaufkräftig investiert er in die schönen und guten Dinge des Lebens - wenn er von einem Angebot auch wirklich überzeugt ist.
- Wer es versteht, Premium-Kunden zu gewinnen, der wird bei anderen Kunden ebenfalls erfolgreich sein.

Ob Sie privaten Kunden hochwertige Chronographen anbieten oder anspruchsvollen Druckereien Highend-Druckmaschinen - wenn Sie im Premium-Segment aus Chancen lukrative Erfolge machen möchten, müssen Sie sich genau *fünf Herausforderungen* stellen. Diese Herausforderungen ergeben sich vor allem aus den besonderen Anforderungen der Premium-Kunden, aus ihren Wünschen und Bedürfnissen, wie wir sie bislang beschrieben haben. Im Folgenden skizzieren wir diese Herausforderungen. Sie bündeln das bisher Gesagte. Während es uns hier wichtig ist, Sie für diese Herausforderungen zu sensibilisieren, werden wir diese im nächsten Kapitel exemplarisch illustrieren und im dritten Teil des Buches in ein systematisches System überführen - mit praktischen Tipps und Informationen.

Herausforderung 1: Einstellung

„Der Kopf ist rund, damit das Denken die Richtung ändern kann." Dieser Satz des Schriftstellers Francis Picabia trifft ins Schwarze. Denn die größte Herausforderung besteht für viele Verkäufer, die sich im Premium-Segment engagieren möchten, darin, ihrem Denken eine neue Richtung zu geben, Gewohntes mit neuen Augen zu betrachten und insgesamt eine neue Einstellung in Bezug auf ihren Job zu gewinnen. Warum? Ganz einfach: Die Welt hat sich geändert, und wer sich hier selbst nicht ändert, ist außen vor. Viele Unternehmen haben diesem Zusammenhang bereits Rechnung getragen - in der Regel allerdings nur, was ihre Strukturen und Prozesse angeht. Unter dem Label „Change Management" werden Organisationssysteme auf den Prüfstand gestellt und auf neue Marktsituationen und Wettbewerbsumfelder ausgerichtet. Erfolgreiche Unternehmen gehen hier noch einen Schritt weiter: Sie verbinden den organisatorischen Wandel mit einem „Cultural Change". Denn sie wissen, dass neue Strukturen und Prozesse nicht ausreichen. Sie müssen in der täglichen Praxis mit Leben gefüllt werden. Entscheidend ist das Denken und Handeln der Mitarbeiter. Schließlich gilt: Menschen machen Unternehmen. Doch nur die wenigsten Unternehmen gehen den entscheidenden Schritt und helfen ihren Mitarbeitern auch wirklich dabei, „neu zu denken", neue Perspektiven einzunehmen und einen frischen Blick auf die Kunden - und auf sich selbst - zu wagen. Nehmen Sie einen Beamten, der in der Verwaltung eines Bundeslandes für den Bereich Liegenschaften verantwortlich ist. Sein Bereich wird jetzt nach privatwirtschaftlichen Gesichtspunkten neu aufgestellt und von vorne bis hinten effizient und effektiv durchstrukturiert. Eine neue Position wird für ihn geschaffen. Doch auf dem neuen Stuhl sitzt immer noch der alte Bürokrat – mit seinen alten Denkgewohnheiten und Verhaltensmustern. Das kann nicht gut gehen! „Der wirtschaftliche Untergang bedroht jeden, der nicht ständig zum Aufbruch bereit ist“[31] – so drastisch benennt der Sozialwissenschaftler Gerhard Schulze die Konsequenz eines sturen Verharrens im Status quo. In einer Zeit, in der die Beschleunigung selbst noch beschleunigt wird, ist mentaler Stillstand schlichtweg fatal.

Auch Verkäufer können auf die neue Situation, in der sie sich befinden, entweder mit den gewohnten Konzepten und Strategien reagieren. Der Vorteil: Sie müssen sich nicht ändern, brauchen sich um irgendwelche Trends und Tendenzen keinen Kopf zu machen, alles bleibt, wie es war – bis auf ihren Verkaufserfolg, der wird dann nämlich ausbleiben. Auf das neue Setting können Verkäufer jedoch auch reagieren, indem sie sich damit auseinander setzen, nach vorne gehen und die Dinge aktiv in die Hand nehmen. Wer neue Chancen entdecken und ergreifen möchte, der muss dies auch vom Kopf her können. Verkäufer müssen lernen, nicht nur neue Antworten auf alte Fragen zu geben. Sie sind dazu aufgerufen, auch neue Fragen zu stellen und einen frischen, mutigen und kreativen Blick auf ihre Aufgaben zu werfen. Gefragt ist eine neue Einstellung im Verkauf!

Herausforderung 2: Wissen

Das Thema „Wissen“ spielt für viele Unternehmen eine immer wichtigere Rolle. „Wissensmanagement“ hat sich zu einem trendigen und in seiner Bedeutung sehr differenzierten Begriff entwickelt. Es werden immer aufwändigere Konzepte entwickelt, die das Ziel haben, Wissen für Unternehmen im Sinne ihrer Ziele und Strategien produktiv zu machen. Leider wird es dabei immer wieder versäumt, das Wissen derjenigen zu optimieren, die für Unternehmen das Geld verdienen: das Wissen der Verkäufer. Uns geht es hier um einen bestimmten Bereich des Wissens, wie er sich aus den besonderen Anforderungen der Premium-Kunden ergibt - und zwar das Wissen in Bezug auf *Produkte, Leistungen* und *Lösungen.* Wie viele Verkäufer gibt es, die ihr eigenes Angebot nicht richtig kennen - von den einzelnen Merkmalen bis zu ihrer „Story"? Wie viele Kundenberater sind einfach überfordert, wenn ein Kunde einmal mehr als nur drei, vier Standardfragen stellt? Bei Verkäufern, die Produkte des täglichen Gebrauchs oder Billigwaren anbieten, mag das kein so großes Problem sein - obwohl es auch hier wichtig ist, sich auszukennen. Nahezu fatal ist es jedoch, wenn Verkäufer im Premium-Bereich weite Wissenslücken haben - denn in diese fallen sie gewissermaßen selbst hinein.

Leider besteht in Sachen „Produktwissen" gerade im Premium-Bereich ein großer Nachholbedarf. Wir stellen dies immer wieder fest, wenn wir im Auftrag unserer eigenen Kunden Testkaufstudien und Kundenbefragungen durchführen. Dieser Mangel an Wissen ist vielleicht historisch begründet: „In der Nachkriegszeit hat sich die Beziehung der Menschen zu Gütern und Dienstleistungen kontinuierlich verändert. Produkte werden nicht mehr als Mittel zu einem bestimmten Zweck offeriert, sondern als Selbstzweck. Sie sollen an sich zufrieden stellen, unabhängig von ihrer Verwendung für irgendwas. So wurde Design und Produktimage zur Hauptsache, Nützlichkeit und Funktionalität zum Accessoire."[32] Hier findet jedoch ein gegenläufiger Trend statt. Kunden, in vorderster Front die Premium-Kunden, sind bestens informiert, und sie möchten immer mehr wissen. Ihr ausgeprägter Lerntrieb macht sie neugierig auf Zahlen, Daten, Fakten. Zudem legen sie Wert darauf, genau darüber informiert zu werden, für welche Leistung, für welche Nutzenaspekte sie ihr hart verdientes Geld hinlegen sollen. Dabei fragen sie nicht nur nach dem allgemeinen Produktnutzen, sondern auch nach dem individuellen Lösungspotenzial, das damit verbunden ist. Und ein weiterer entscheidender Punkt: Produktinformationen wirken nicht nur rational, sie üben auch eine starke *Faszinationskraft* aus, wie wir später noch genauer sehen werden. Zudem: Kunden treffen ihre Kaufentscheidungen meistens emotional und suchen dann nach einer *rationalen Rechtfertigung* für ihre Entscheidung auf der Basis von klaren Daten und Fakten. Verkäufer müssen deshalb eine Menge wissen. Vor allem müssen sie ihre Angebote aufs Genaueste kennen.

Herausforderung 3: Emotionen

Verkaufssituationen sind Entscheidungssituationen. Und Emotionen spielen bei Entscheidungen eine wichtige Rolle; ernst zu nehmende Strömungen der Gehirnforschung gehen sogar davon aus, dass die Emotionen wichtiger sind als das rationale Denken. Unter der Headline „Wie das Gehirn entscheidet" lesen wir dazu im Nachrichtenmagazin „Focus" eine zentrale Erkenntnis: „Die Lebenserfahrung, emotional abgespeichert, ist Chef im Oberstübchen. Der Verstand macht nur Vorschläge, entscheidet nichts."[33] Und diesen „emotionalen Chef" gilt es im Verkauf zu überzeugen, zu begeistern und mitzureißen. Auf Verkaufsgespräche übertragen bedeutet das: Die Stimmung muss stimmen. Das emotionale Klima muss dazu beitragen, dass Kaufentscheidungen schnell und sicher reifen. Dies ist besonders in Hinblick auf unsere Premium-Kunden wichtig. Denn Gefühle spielen für sie eine wesentliche Rolle. Und sie können mit Gefühlen in der Regel sehr gut umgehen. Sie sind emotional im Allgemeinen sehr intelligent. Dies bringt ihre gesellschaftliche und berufliche Rolle mit sich. Für den Verkäufer ergib sich daraus die Herausforderung, über ein ausgeprägtes Gefühl für Gefühle zu verfügen. Er muss dabei nicht nur seine eigenen Gefühle richtig wahrnehmen und kontrollieren, er muss auch die Gefühle seiner Ansprechpartner gekonnt „managen".

Das eigentliche Ziel der Übung: Dieses Gefühlsmanagement dient vor allem dazu, das *soziale Kapital* des Verkäufers zu mehren, sprich: *Sympathie* und *Vertrauen* des Kunden zu gewinnen. Natürlich: Vor allem wenn es um Gefühle geht, wird es nie gelingen, den anderen vollständig zu „analysieren". Dies ist auch nicht entscheidend. Wichtig ist vielmehr das Ziel, „eine Sphäre des Verstehens aufzubauen", wie es der Soziologe Gerhard Schulze nennt.[34] Einfühlungsvermögen bzw. Empathie spielt dabei eine grundlegende Rolle. Diese „Empfindsamkeit" hat allerdings nicht das Geringste damit zu tun, den Verkäufer als soften „Kundenversteher" zu betrachten. Das emotionale Einfühlen und Verstehen des anderen dient dem gegenseitigen Nutzen, es ist *zweckrational*. Für den Kunden heißt der Nutzen: individuelle Beratung und Leistung. Für den Verkäufer heißt er: wirtschaftlicher Erfolg. Empathie und das entsprechende emotionale Eingehen auf den anderen ist dabei doppelt so wichtig wie die rein rationale Nutzenargumentation. Auf den Punkt gebracht: Erfolg = Empathie + (2 x Nutzen).

Herausforderung 4: Persönlichkeit

Premium-Kunden, die eine hochwertige Uhr, eine Designer-Aktentasche oder einen Edelfüllhalter in einem Laden ihrer Wahl erstehen, erinnern sich daran auch noch nach ein, zwei Jahren. Was sie im Gedächtnis behalten, ist jedoch mit Sicherheit nicht der genaue Preis. Das, woran sie sich erinnern, sind das Kauferlebnis und der Verkäufer - sie erinnern sich daran, ob sie freundlich oder unfreundlich bedient wurden, sie wissen noch genau, ob sie den Verkäufer sympathisch fanden oder als aufdringlich und arrogant empfunden haben, in ihrem Gedächtnis ist fest verankert, ob sie sich gut beraten gefühlt haben, oder ob sie abgefertigt wurden wie an der „heißen Theke" eines Schnellimbiss zur Mittagszeit. Verkaufen ist ein Business von Mensch zu Mensch. Verkäufer, die es schaffen, sich als kompetente und sympathische *Persönlichkeiten* in der Wahrnehmung ihrer Kunden zu profilieren, verfügen über einen unschätzbaren Vorteil. Als Persönlichkeiten aufzutreten ist mindestens aus den folgenden Gründen für Premium-Verkäufer wichtig:

- *Persönlichkeit und Profil*: Produkte und Dienstleistungen werden einander immer ähnlicher und vergleichbarer. Warum soll ein Kunde gerade bei Ihnen kaufen? Ein Grund kann darin liegen, dass Sie selbst das differenzierende Merkmal sind - in Ihrer individuellen, unverwechselbaren und gewinnenden Persönlichkeit! Eine markante Persönlichkeit ist der beste Kopierschutz, den man sich denken kann, sie kann nicht imitiert werden.
- *Persönlichkeit und Bindungstrieb*: Premium-Verkäufer suchen die Gemeinschaft mit anderen, sie genießen es, sich mit „adäquaten" Ansprechpartnern zu unterhalten und Gedanken auszutauschen. Der Bindungstrieb ist bei ihnen stark ausgeprägt. Unternehmer, Führungskräfte und Freiberufler - sie alle gehen gerne mit anderen Menschen um. Entscheidend ist, dass ihr Gegenüber einen gewissen Reiz auf sie ausübt und interessant ist, sie unterhalten kann und ihrem Niveau in Sachen Umgang und Stil entspricht. Der Geschäftsführer eines Medienunternehmens, der seine Büroräume neu einrichten lassen will, sucht einen Berater mit persönlichem Profil, einen Ansprechpartner, der ihn auch menschlich überzeugt.
- *Persönlichkeit und Konstanz*: Vorher haben wir festgestellt, dass sich unsere Welt immer schneller verändert. Die Beschleunigung der Beschleunigung macht sich in vielen Bereichen bemerkbar. Dazu gehören Unternehmens- und Arbeitswelten und viele Bereiche unseres privaten Lebens. Geschwindigkeit und fortgesetzter Wandel haben auch ihre positive Berechtigung. Sie lassen uns in kürzerer Zeit vielfältigere Chancen wahrnehmen. Sie bringen jedoch auch viele Nachteile mit sich: Unverbindlichkeit nimmt zu, Orientierungspunkte gehen verloren. Gerade Premium-Kunden leben in einer schnellen und schnelllebigen Welt. Doch Dy-

namik, Veränderung und Unverbindlichkeit brauchen als stabilisierenden Gegenpol Konstanz und Verbindlichkeit. Und beides gehört zum Wesen von „Persönlichkeit“. Menschen mit einer ausgeprägten Persönlichkeit haben einen klaren Charakter, sie sind in ihrem Verhalten konstant, man kann sich auf sie verlassen. Sie bieten genau die Verbindlichkeit, die Premium-Kunden in einer sonst unverbindlichen Welt vermissen. Für Verkäufer ist es also wichtig, eine individuelle Persönlichkeit zu entwickeln und zu zeigen.

Herausforderung 5: Kommunikation

Aus den besonderen Anforderungen der Premium-Kunden ergeben sich auch besondere Herausforderungen an die Kommunikation mit ihnen. Grundsätzlich gilt: Keine Kommunikation, keine Verkaufsgespräch von der Stange! Individuelle Menschen fordern individuelle Gespräche. Dennoch erfordert jedes Verkaufsgespräch ein gezieltes Vorgehen, eine bestimmte strukturierte Dramaturgie. Individualität und Struktur schließen einander nicht aus, Struktur schafft sogar erst den Freiraum, in dem sich individuelle Gespräche entfalten können. Dies wird ein Schwerpunkt unseres dritten Kapitels sein.

Weil Verkaufsgespräche eine besondere Form der Kommunikation sind, möchten wir noch kurz skizzieren, welches Verständnis wir von Kommunikation haben. Dabei folgen wir den Gedanken von Rudi Keller.[35] Er ist Universitätsprofessor am Germanistischen Seminar der Heinrich-Heine-Universität Düsseldorf. Zudem ist er Juror für den Bereich „Sprache“ des manager magazin-Wettbewerbs „Der beste Geschäftsbericht“. Die Gedanken von Rudi Keller helfen uns, die Herausforderungen an Verkaufsgespräche besser zu verstehen und somit auch wirksame Wege zu einer erfolgreichen Kommunikation zu finden.

Eine zentrale These von Rudi Keller lautet, dass wir mit anderen Menschen kommunizieren, um sie zu *beeinflussen*. Wir möchten, dass sie etwas Bestimmtes glauben, wahrnehmen, tun oder fühlen. Die zweite zentrale These lautet, dass wir unsere Ansprechpartner beeinflussen, indem wir sie dazu bringen, bestimmte *Schlüsse* zu ziehen. Ein Beispiel: Ein Verkäufer, der gelangweilt nichtssagende Äußerungen von sich gibt, lädt den Kunden zu Schlüssen ein, die nicht im Sinne der Verkaufsförderung sind. Aus einem lebendigen Vortrag eines sichtlich begeisterten Verkäufers schließt ein Kunde, dass er hinter seinem Angebot steht und er ihm deshalb auch vertrauen kann.

Wenn wir einen Ansprechpartner in diesem Sinne zu konkreten Schlüssen bewegen wollen, heißt das, dass wir bestimmte *Ziele* verfolgen. Kommunikation ist eine strategische Aufgabe! Verkaufsgespräche haben dabei nicht nur ein einziges Kommunikationsziel, sie sind, um den Einsichten Rudi Kellers zu folgen, „mixed-motive-games". Auf einer allgemeinen Ebene geht es dem Verkäufer um die Ziele,

- seine Produkte und Leistungen zu „bewerben",
- die Wahrnehmung des Kunden zu steuern und
- Vertrauen aufzubauen.

Alle drei Ziele sind eng miteinander verbunden, sie werden als gemeinsames Set angestrebt. Und alle drei Kommunikationsziele folgen dem übergeordneten betriebswirtschaftlichen Ziel, Umsätze und Gewinne zu optimieren. Die genannten Ziele sind mit ganz konkreten *Nutzenerwartungen* an die Kommunikation bzw. das Verkaufsgespräch verbunden. Solche Nutzenerwartungen hat dabei nicht nur der Verkäufer, auch der Kunde erhofft sich von einem Gespräch einen ganz bestimmten Nutzen. Die Erwartungen beider Gesprächsteilnehmer decken sich dabei zum Teil:

- *Information*: Verkäufer möchten, dass ihre Kunden über die besonderen Merkmale und Nutzenpotenziale ihres Angebots informiert sind. Und Kunden haben den Wunsch, genau solche Informationen zu gewinnen.

- *Beziehung*: Verkäufer haben das Ziel, dass eine positive menschliche Beziehung zwischen ihnen und ihrem Kunden entsteht. Auch Kunden ist es daran gelegen, ein Gespräch auf einer menschlich ansprechenden Ebene zu führen.
- *Unterhaltung*: Verkäufer möchten ihre Kunden unterhalten, um sie interessiert „bei der Stange zu halten". Kunden schätzen es ebenfalls, unterhaltsame und lebendige Gespräche zu führen.

Information, Beziehung und Unterhaltung sind Nutzenerwartungen, die sowohl Kunde als auch Verkäufer in ein Verkaufsgespräch setzen. Es gibt jedoch auch zwei Nutzenerwartungen, die wir in der Regel ausschließlich auf Seiten des Verkäufers finden:

- *Überzeugung*: Verkäufer möchten ihre Kunden nicht nur informieren, sie möchten sie gemäß ihrer Verkaufsziele auch überzeugen. Premium-Kunden haben jedoch nicht das erklärte Ziel, sich überzeugen zu lassen. Sie legen Wert darauf, sich auf Basis verfügbarer Informationen selbst ein Bild zu machen.
- *Begeisterung*: Verkäufern ist daran gelegen, Kunden von ihrem Angebot zu begeistern, sie zu faszinieren. Premium-Kunden gehen jedoch kaum mit dem ausdrücklichen Ziel in ein Gespräch, sich begeistern und, negativ gesprochen, „emotional einwickeln" zu lassen.

Entscheidend für die Ausgestaltung der Kommunikation in einem Verkaufsgespräch ist auch, dass dem erwarteten *Nutzen* von Verkäufer und Kunde jeweils bestimmte *Investments* gegenüberstehen. Der Verkäufer investiert Zeit, Geld und Energie in das Gespräch. Der Kunde investiert Zeit und Energie, und wenn er den Verkäufer aufsuchen muss, ebenfalls auch Geld. Die Kunst erfolgreicher Gesprächsführung besteht für den Verkäufer darin, die Kosten für sich und den Kunden so niedrig wie möglich und den Nutzen für sich und den Kunden so hoch wie möglich zu halten.

Zwei Negativbeispiele: Um seinen Kunden zu informieren, will der Verkäufer eine Stunde lang von den hervorragenden Merkmalen seines Produkts berichten. Die Information soll hier für einen Preis, die reichlich zu investierende Zeit, „erkauft" werden, der zu hoch ist. Der Kunde steigt ziemlich sicher aus. Oder: Der Verkäufer arbeitet in erster Linie an dem Beziehungsziel und vernachlässigt den Wunsch seines Kunden, Informationen zu gewinnen. Auch hier übersteigen die Kosten des Kunden seinen Nutzen. Noch einmal auf den Punkt gebracht: Verkäufer stehen vor der Herausforderung, ihre Verkaufsgespräche so zu gestalten, dass ihre Ziele und die Ziele des Kunden bei möglichst geringem Aufwand erreicht werden.

Die fünf Herausforderungen für den Premium-Verkäufer
■ *Herausforderung 1: Einstellung* – Das Verkaufen hat sich geändert, und Premium-Kunden stellen besondere Anforderungen. Verkäufer müssen deshalb ihrem Denken „die richtige Richtung" geben.
■ *Herausforderung 2: Wissen* – Premium-Kunden kennen sich bestens aus und sie erwarten ausführliche Informationen. Verkäufer müssen deshalb ihre Angebote bestens kennen.
■ *Herausforderung 3: Emotionen* – Um Vertrauen und Sympathie ihrer Kunden zu gewinnen und eine „Sphäre des Verstehens" zu schaffen, ist es für Verkäufer wichtig, ihre eigenen Gefühle und die ihrer Kunden kontrollieren zu können.
■ *Herausforderung 4: Persönlichkeit* – Premium-Kunden erwarten Ansprechpartner mit Profil, denen sie vertrauen können. Also heißt es für Verkäufer: Persönlichkeit zeigen!
■ *Herausforderung 5: Verkaufsgespräch* – Verkäufer müssen die Gespräche mit ihren Kunden so führen, dass sie den Nutzenerwartungen beider Seiten entsprechen und jeweils möglichst geringe Investments an Zeit, Energie und Geld erfordern.

Was dies alles bedeutet

Wir haben gesehen, dass sich das Verkaufen der Zukunft auch in den Premium-Bereich verlagert - und hier große Chancen warten. Wir haben gelernt, welche wichtige Rolle der Wert der Werte spielt und was die Relevanz starker Marken ausmacht. Vor allem haben wir den Premium-Kunden kennen gelernt, den anspruchsvollen Kunden, der bereit und in der Lage ist, für hochwertige Produkte und Dienstleistungen den vom Verkauf gewünschten Betrag zu investieren. Wir haben auch gesehen, welche konkreten Anforderungen er hat und welche Herausforderungen sich daraus für den Verkäufer ergeben.

Im nächsten Kapitel lassen wir Sie das Verkaufen im Premium-Segment live erleben. Mit ausgewählten Beispielen beleuchten wir punktuell, wie Verkäufer auf ihre ganz besondere Weise mit Premium-Kunden umgehen. Im Mittelpunkt stehen Szenen, die unsere Kunden oder Geschäftspartner erlebt haben (die Namen haben wir natürlich geändert). Uns geht es dabei vor allem darum, Ihnen ein Gefühl für Verkaufssituationen im Top-Segment zu vermitteln. Am Ende jeder Story fassen wir die jeweils zentralen Gedanken kurz zusammen, ohne die jeweiligen Themen hier auszuarbeiten. Einen systematischen und umfassenden Lösungsansatz dürfen Sie dafür im dritten Kapitel erwarten.

Premium-Verkauf live

Wie Sie in scheinbar hoffnungslosen
Situationen verkaufen.

Warum Verkaufsdruck zu nichts führt.

Und weitere authentische Storys
mit kurzen Learnings.

Die Kaltakquise als Meisterstück: den Kunden kommen lassen

Premium-Kunden schätzen kompetente und menschlich gewinnende Ansprechpartner. Wem es gelingt, entsprechende Botschaften klar und schnell zu vermitteln, der wird das Interesse seiner Kunden wecken, auch bei der Kaltakquise.

Die Story

In Deutschland gibt es eine stattliche Zahl an Millionären. Für viele Verkäufer bilden sie eine äußerst reizvolle Zielgruppe. So auch für einen Teilnehmer eines unserer Projekte. Als Vermögensberater hat er seine eigene Strategie entwickelt, um selbst extrem schwierige Kunden via unangekündigtem Anruf auf sich und seine Leistungen neugierig zu machen. Ihm geht es dabei nicht in erster Linie darum, gleich einen Abschluss unter Dach und Fach zu bringen. Es ist ihm vielmehr wichtig, sich als kompetenten Gesprächspartner zu präsentieren und das Interesse eines potenziellen Kunden für eine bestimmte Leistung zu wecken. In einem Workshop im Rahmen unseres Projekts - wir diskutierten verschiedene Möglichkeiten, wie wir die oben genannten Millionäre am besten öffnen könnten - erzählte uns besagter Teilnehmer, wie er hier am liebsten vorgeht:

„Die erste Herausforderung, die sich jedes Mal aufs Neue stellt, ist die, dass die von uns begehrten Kunden stets sehr abgeschirmt arbeiten. Sie können nicht direkt angerufen werden, in der Regel steht ihnen eine kompetente und selbstbewusste Sekretärin zur Seite, die wie eine hochsensible Firewall alle Anrufe, die auch nur den Schein erwecken, uninteressant zu sein, herausfiltert. Ich selbst habe auch eine Assistentin, die mir mit bewundernswerter Konsequenz den Rücken freihält. Viele Verkäufer machen den Fehler, dass sie versuchen, den Sekretärinnen die Geschichte vom Pferd zu erzählen. Die sind jedoch sofort unten durch. Hier hilft nur eins: Sie wissen als Verkäufer, dass Sie Ihrem Kunden einen wertvollen Nutzen bieten können - sagen Sie genau das! Seien Sie offen und ehrlich zu der Sekretärin, erzählen Sie ihr kurz von Ihrem Angebot, welche Vorteile es mit sich bringt, und dass Sie es gerne ihrem Chef erläutern möchten. Bereits hier sind zwei Faktoren wichtig, die Sie weiterbringen: *Sympathie* und *Vertrauen*. „Das ist zwar nicht der Erste, der zu diesem Thema anruft, aber er klingt vernünftig, und ich denke, dass er sich mit meinem Chef gut verstehen wird." Wenn es Ihnen gelingt, die Sekretärin zu dieser Schlussfolgerung zu führen, kommen Sie den entscheidenden Schritt weiter: Die Sekretärin stellt Sie durch. Jetzt gilt die Regel: Nicht mit der Tür ins Haus fallen, sondern erst einmal „anklopfen". Dazu bietet Ihnen die unvermeidliche Frage Ihres Ansprechpartners Anlass: „Worum geht es denn genau?" Sie haben jetzt die Chance, Ihre Kompetenz unter Beweis zu stellen, das ist entscheidend. Ihr Ansprechpartner muss von Ihrem ersten Satz an erkennen, dass er mit einem versierten Fachmann redet. Deshalb ist es wichtig, dass man sich vor so einem Gespräch gut vorbereitet, Sie müssen bei der Telefonakquise inhaltlich einfach perfekt sein. Schneiden Sie also Ihr Thema an - zum Beispiel die Altersvorsorge. Führen Sie kurz und knapp in dieses Thema ein, nutzen Sie dazu vielleicht auch einen aktuellen Aufhänger aus der Tagespresse, und fragen Sie Ihren Ansprechpartner, was er davon hält - und nicht gleich, ob er denn bereits gut abgesichert ist. Ihr Gesprächspartner wird Ihnen dann ebenfalls das Thema aus seiner Sicht schildern. Greifen Sie zentrale Stichworte auf, fachsimpeln Sie mit Ihrem Ansprechpartner, Ihr Ziel muss es sein, dass das Gespräch für ihn zu einem inhaltlichen Gewinn wird. Denn dann wird er - ganz von sich aus - neugierig, was Sie ihm als kompetenter Ansprechpartner bieten und raten können. Wenn er Sie, mehr oder weniger verdeckt, nach weiteren Beratungsmöglichkeiten fragt, sagen Sie grundsätzlich zu. Nehmen Sie jedoch nicht gleich den ersten Terminvorschlag Ihres Kunden an. Sie sind schließlich ein hervorragender und deshalb sehr begehrter Berater. Seien

Sie ruhig mutig. Plaudern Sie nach der Terminvereinbarung noch kurz mit ihm, bedanken Sie sich für sein Interesse, kündigen Sie an, ihm vorab Informationsunterlagen zu schicken und bitten Sie ihn, Sie noch einmal kurz mit seinem Sekretariat zu verbinden. Erkundigen Sie sich hier noch einmal genau nach der korrekten Anschrift und Anrede, und verabschieden Sie sich auch von der Sekretärin souverän und freundlich."

Die Learnings

Was für die besonders schwierige Form des Verkaufens - die Kaltakquise - gilt, gilt auch für die meisten anderen Verkaufssituationen, in denen Sie mit Premium-Kunden umgehen. Im Mittelpunkt stehen dabei stets die folgenden Erfolgsfaktoren:

- Seien Sie ehrlich: Reden Sie nicht lange um den heißen Brei herum, sagen Sie, dass Sie etwas verkaufen möchten. So legen Sie unmittelbar eine starke Vertrauensbasis.
- Treten sie freundlich, respektvoll und menschlich gewinnend auf. Premium-Kunden - denken Sie an den Bindungstrieb und an ihren Wunsch, ihr Selbstbild zu schützen - legen hier Wert auf ein hohes Niveau.
- Machen Sie deutlich, dass es Ihnen um die Sache geht, und dass Sie sich in dieser Sache bestens auskennen.
- Wecken Sie bei Ihrem Kunden Begehrlichkeiten, machen Sie ihn neugierig auf Ihr Angebot. Sein Lerntrieb wird ihn dann zu Ihnen führen.

Sie sehen, es ist für Sie entscheidend, sich in kurzer Zeit als kompetente und menschlich überzeugende Verkäuferpersönlichkeit zu präsentieren. Ihr Wissen, Ihre Lösungskompetenz und Ihr persönliches Profil werden Ihnen dann viele Türen öffnen.

Check it

- Bereiten Sie sich auf jeden Akquisekontakt sehr gut vor: Mit wem haben Sie es zu tun? In welcher Position arbeitet Ihr Ansprechpartner? Welche Aufgaben hat er? Was genau macht sein Unternehmen?
- Sorgen Sie beständig dafür, dass Sie nicht nur Ihr Angebot auf das Genaueste kennen, sondern dass Sie auch über den weiteren thematischen Zusammenhang bestens informiert sind.
- Notieren Sie, während Ihr Ansprechpartner redet, zentrale Stichworte. Nehmen Sie diese als Aufhänger, um Ihre Kompetenz zu beweisen und Ihren Gesprächspartner in ein für ihn fachlich interessantes Gespräch zu verwickeln.
- Fallen Sie nicht mit einer abschlussorientierten Frage ins Haus. Lassen Sie Ihren Kunden kommen. Wenn Sie es geschafft haben, sich als kompetenten und sympathischen Fachmann vorzustellen, wird er neugierig werden und mehr von Ihnen erfahren wollen.

Identifikation mit dem Unerschwinglichen: die richtige Distanz wahren

Verkäufer, die hochwertige Produkte an Premium-Kunden verkaufen, müssen in der Regel einen Spagat vollziehen: Zum einen ist es wichtig, dass sie sich mit ihrem Spitzen-Angebot und ihren Top-Kunden identifizieren. Zum anderen müssen sie beides jedoch aus einer gewissen Distanz betrachten.

Die Story

Werner Schmitt war schon immer ein Technikfan. Deshalb entschied er sich in seiner Jugend für eine Lehre als Kfz-Mechaniker und machte anschließend seinen Meister. Nach einigen Jahren in der Kundenberatung führt er heute ein kleines Team aus Serviceprofis und Beratern. Mittlerweile hat sich auch die Produktpalette seines Hauses weiterentwickelt. Während noch vor ein paar Jahren die obere Mittelklasse die Toplinie war, so hat das Autohaus heute auch Luxuslimousinen im Programm. Und genau für diese ist er verantwortlich.

Nicht nur die Automobilklasse ist neu, sondern auch der Kundenkreis. Zu seinen Ansprechpartnern gehören Ärzte, Rechtsanwälte und Führungskräfte größerer Unternehmen. Bereits nach kurzer Zeit lernte er seine Klientel schätzen, es sind Menschen, die hart für ihr Geld arbeiten. Er gönnt es ihnen uneingeschränkt, dass sie sich die teuren Luxuswagen leisten können. Zudem verbindet ihn mit seinen Premium-Kunden die Liebe zu hochwertigen Automobilen. Er kann ihnen von ihrer innovativen Technik vorschwärmen, bis sie glänzende Augen bekommen. Genau das, die Begeisterung für die Perfektion „seiner" Luxuswagen, macht für ihn die Faszination seines Berufes aus. Er muss keines dieser Edelfahrzeuge selbst besitzen - er ist jedoch stolz darauf, sie mit höchstem Sachverstand an anspruchsvolle Kunden verkaufen zu können, die sowohl seine Beratung als auch seine Produkte zu schätzen wissen.

Einer seiner Kollegen hatte mit der neuen Klientel allerdings ein Problem: „Sind doch eh nur alles reiche Schnösel", so seine fatale Einstellung. Denn die „Schnösel" bemerkten schnell, wie sie eingestuft wurden. Es konnte nicht ausbleiben, dass schließlich seine Verkaufszahlen ein trauriges Bild abgaben. Nicht nur Erfolg, auch Misserfolg beginnt im Kopf!

Die Learnings

Wem gefallen sie nicht, die hochwertigen Chronometer, die Luxuswagen und edlen Küchen? Wohl den meisten von uns. Doch nicht jedem ist es vergönnt, über das nötige Kleingeld zu verfügen, um solche und andere Luxusprodukte zu erwerben. Wer sie verkaufen darf, kann sich jedoch glücklich schätzen, in einem sehr anspruchsvollen Umfeld tätig zu sein, denn nur die Besten können hier erfolgreich aktiv sein. „Stolz" klingt in den Ohren vieler Menschen zwar etwas antiquiert. Wir meinen jedoch, dass gute Verkäufer zu Recht stolz auf sich und ihre Leistung sein können und auf die hochwertigen Produkte, die sie anbieten. Hier liegt das besondere Identifikationsangebot an die Verkäufer. Wer stolz darauf ist, Luxuslimousinen mit hervorragendem Sachverstand auch anspruchsvollsten Kunden verkaufen zu können, wer sich für seine Produkte begeistern kann und sie mit echter Kennerschaft zu schätzen weiß, der zeigt eine emotionale Identifikation – ohne dass er selbst einen Luxuswagen oder einen 5 000 Euro teuren Chronometer sein Eigen nennen muss. Deshalb kann er auch offen und ohne Neid mit seinen Kunden umgehen. Ihm fällt es leicht, sie in ihrer besonderen Situation wahrzunehmen. Er schätzt sie. Er identifiziert sich auch mit ihnen.

Leider geht diese persönliche Identifikation bei vielen Verkäufern auch etwas zu weit. Mit allem, was sie tun und sagen, wollen sie zeigen: „Ich bin einer von euch!" Mit einem, bitte erlauben Sie uns dieses etwas schiefe Bild, „Schulterklopfen in den Augen" signalisieren sie eine Nähe, die es in Wirklichkeit nicht gibt und auch nicht geben darf. Denn, erinnern wir uns, Premium-Kunden wollen etwas Besonderes sein, sie möchten sich abheben, sie legen Wert auf Individualität und die Bindung an eine besondere Peergroup. Wenn sie dann von ihrem Verkäufer hören: „Den gleichen Anzug habe ich auch zu Hause“ oder „Meine Tochter fährt dieses Cabriolet ebenfalls“, dann ist ruckzuck Feierabend, denn die gesuchte Exklusivität verblasst.

Die Notwendigkeit, eine angemessene Distanz zu wahren, wird vor allem von Verkäufern missachtet, die einen Kunden schon über viele Jahre betreuen. Man duzt sich, vielleicht hat man das eine oder andere auch schon privat zusammen unternommen. Dennoch gilt: In allen geschäftlichen Dingen muss absolute Professionalität herrschen. Und dazu gehört die richtige Distanz.

Check it

- Machen Sie sich klar, was Sie an Ihrem Beruf und an Ihrem Angebot besonders fasziniert.
- Verdeutlichen Sie sich, was Sie in Ihrem Job alles leisten - als Verkäufer gehören Sie schließlich zu gesuchten Spezialisten.
- Betrachten Sie Ihre Kunden aus einer mentalen Entfernung, die sowohl persönliche Nähe und Wertschätzung als auch professionelle Distanz erlaubt.

Deutschland sucht den Superstar: Produkte angemessen präsentieren

Produkte und Dienstleistungen werden einander immer ähnlicher – auch im Top-Segment. Premium-Kunden wollen jedoch das Besondere. Verkäufer haben deshalb die entscheidende Aufgabe, die differenzierende Merkmale ihres Angebots herauszuarbeiten und lebendig werden zu lassen.

Die Story

Alle Teilnehmer des Seminars zum Thema „Erfolgreich präsentieren" waren sofort von der Idee begeistert: „Deutschland sucht den Superstar - prima!" Die zehn Seminarteilnehmer schauten ihren Personalentwickler - wir hatten ihn selbst über mehrere Monate gecoacht - erwartungsvoll an. Die Verkaufsprofis standen vor der beruflichen Herausforderung, neue, erstklassige Finanzdienstleistungsprodukte an eine wohlhabende Kundenschicht zu verkaufen. Heute wollten sie Ideen entwickeln, wie sie dabei am erfolgreichsten vorgehen könnten. Dazu hatte der Trainer eben vorgeschlagen, sich die Präsentationssituation spielerisch zu vergegenwärtigen. Spiele haben den Vorteil, dass sie Spaß machen, die Stimmung auflockern und wesentliche Dinge emotional erfahrbar machen. Deshalb also das Spiel „Deutschland sucht den Superstar" in recht freier Anlehnung an die bekannte Fernsehsendung.

Die betreffende Variante lief folgendermaßen ab: Die Teilnehmer bildeten fünf Zweierteams. In jedem Team gab es einen Kandidaten für den „Superstar", der jeweils andere hatte zunächst die Aufgabe, innerhalb von vier Minuten möglichst viel von seinem Partner zu erfragen und erfahren. Danach durften jeder „seinen" Superstar vor versammelter Runde vorstellen. Bereits bei der dritten „Präsentation" wurde deutlich, dass alle ihre Kandidaten ähnlich beschrieben: „hat zügig studiert", „ist Familienvater", „fährt gerne sportliche Autos", „möchte in zwei

Jahren eine Managementfunktion einnehmen" etc. Der fünfte Präsentierende machte davon jedoch eine bemerkenswerte Ausnahme. Sein Kandidat hatte zwar auch „zügig studiert", doch er fokussierte seine Präsentation auf ein anderes Thema. Im Mittelpunkt stand hier das besondere Engagement seines Kandidaten als freiwilliger Helfer des Roten Kreuzes. Mit dieser „persönlichen USP" hat er sich von seinen Mitbewerbern aufmerksamkeitsstark unterschieden. Dieser Kandidat wurde dann einstimmig zum „Superstar" gewählt. Die anderen hätten jeweils auch noch interessante Dinge zu erzählen gewusst - doch dafür war es jetzt zu spät. Die Präsentation war über die Bühne.

Den Seminarteilnehmern wurde klar, dass sie in ihren Verkaufsgesprächen genau denselben Fehler machen. Sie „leiern" Standardgespräche herunter, ohne wirklich auf die besonderen Vorzüge und vor allem auf die differenzierenden Merkmale und Nutzenaspekte ihrer Produkte ausreichend einzugehen. Insgesamt machen wir immer wieder die Erfahrung, dass vor allem Mitarbeiter von Call Centern viel zu wenig auf die besonderen Vorzüge ihrer Produkte hinweisen, oft - und das ist das eigentlich Erschreckende - kennen sie ihre Produkte nicht einmal genau. Wie wollen sie so Kunden davon überzeugen, sich gerade für ihr Angebot zu entscheiden? In einer zweiten Runde des Seminars beschrieben die Teilnehmer dann zuerst die Produkte, die sie verkaufen, ganz genau, dann arbeiteten sie den daraus resultierenden Nutzen für den Kunden heraus, und anschließend tauschten sie sich darüber aus, welcher emotionale Benefit mit den erarbeiteten Nutzenaspekten verbunden ist. Am Ende des Seminars war jeder Teilnehmer in der Lage, Kunden seine Produkte als „Superstars" vorzustellen und differenziert anzubieten.

Die Learnings

Produktbezogenes Wissen gehört zu den zentralen Herausforderungen, denen sich Verkäufer eines hochwertigen Angebots stellen müssen. Im ersten Kapitel haben wir die Gründe dafür genannt. An unserem Beispiel sehen Sie auch, dass es dabei nicht nur darauf ankommt, die Produkte genau zu beschreiben. Es ist entscheidend, die *differenzierenden* Merkmale herauszuarbeiten und auf die besonderen Vorzüge hinzuweisen – im Vergleich zu konkurrierenden Produkten und Dienstleistungen. Dies können nur Verkäufer leisten, die ihr Produkt und das Angebot des Wettbewerbs bis ins letzte Detail kennen. Interessant ist auch: Es geht nicht einfach nur darum, *besser* zu sein, es geht auch darum, *anders* zu sein. Ein Beispiel: Hochpreisige Bürostühle verfügen alle über eine ergonomische Form und hervorragende Materialien. Ein Verkäufer kann dennoch punkten, wenn er seinen Kunden erzählt, dass sein Unternehmen die Vorstandsetage eines bekannten Konzerns beliefert, dass das Unternehmen seit 1870 Sitzmöbel herstellt und seitdem in Familienbesitz ist, oder dass die Strapazierfähigkeit der Bezüge im weltweiten Vergleich spitze ist. Viele andere Profilierungsmerkmale sind hier denkbar. Immer gilt: Der Unterschied entscheidet!

Check it

- Lernen Sie Ihr Angebot in- und auswendig kennen. Überlegen Sie, in welcher Hinsicht Ihre Produkte besser und anders sind als die Ihrer Mitbewerber.
- Verbinden Sie diese differenzierenden Produktmerkmale und -eigenschaften mit konkreten Nutzenaspekten für Ihre Kunden.
- Denken Sie an die Geschichte Ihres Unternehmens, an besondere Produktionsverfahren, Qualitätsaspekte und Materialeigenschaften.

Der kleine Unterschied: den Kunden hervorheben

Premium-Kunden haben ein besonderes Selbstbewusstsein, dazu gehört auch ihr Wunsch, sich gegenüber anderen positiv abzugrenzen. Auch dafür rackern sie schließlich jeden Tag. Doch um den entscheidenden Unterschied zu machen, braucht es nicht die Mega-Show. Kleine, aber klare Merkmale reichen meistens aus.

Die Story

Die folgende Geschichte hat uns ein Projektpartner erzählt, der auf die Entwicklung von CRM-Systemen spezialisiert ist. In einem seiner letzten Urlaube wurde ihm ein wichtiges Marketing-Erfolgsrezept bewusst:

„Der Transfer vom Flugplatz zur Hotelanlage war Grand-Prix-tauglich. Georgios, der Fahrer unseres Taxis, meinte mit einem verschmitzten Blick in den Rückspiegel ‚Ich Michael Schumacher'. Entsprechend gab er Gas und schnitt - nachdem er sich jeweils bekreuzigt hatte - die vielen Kurven der Hauptverkehrsstraße, die den Norden unserer Urlaubsinsel mit dem Süden verband.

Nach einer Stunde ‚Formel 1 auf Griechisch' sind wir, meine Frau, meine Kinder und ich, in unserem Club angekommen. Eine Woche lang das Leben so richtig genießen! Unser Feriendomizil bot dafür die besten Voraussetzungen. Wir bezogen einen kleinen Bungalow, der etwas versteckt hinter einer Reihe alter Olivenbäume lag. Unsere Zimmer waren landestypisch eingerichtet und auf hohem Niveau ausgestattet, von der Terrasse aus konnten wir unseren Blick über nahegelegene, mit Sträuchern und wilden Blumen bewachsene Hügel schweifen lassen. Volltreffer!

Den nächsten Tag verbrachten wir am Pool. Liegen standen bereit, wir konnten uns sofort aus unseren Bademänteln schälen und uns der Sonne hingeben. Ein paar Meter neben uns lag eine andere Familie, ebenfalls mit zwei Kindern. ‚Schau mal, genau wie wir', sagte ich zu meiner Frau. Doch dann musste ich stutzen: Was mit auffiel, war die Farbe der Bademäntel. Wir hatten weiße, die unserer Pool-Nachbarn waren grün. Ich schaute mich am Pool um. Die farbliche Zweiteilung zog sich durch – hier ein paar weiße, da ein paar grüne Mäntel. Zufall? Abends, vor dem Essen, unterhielt ich mich mit einem Hotelangestellten und fragte dabei auch nach den Farben der Bademäntel. Die Lösung: Die weißen Bademäntel waren für die ‚normalen' Gäste, die grünen für die besonders exklusiven. Sie wohnten in größeren Bungalows, hatten alle einen herrlichen Blick aufs Meer und genossen auch noch ein paar andere Vorzüge – wofür sie auch deutlich mehr Geld hinblätterten als wir. Die meisten Gäste wissen, was dieses Farbsystem bedeutet. Und die ‚Grünen', wissen, dass es die anderen wissen. So können sie sicher sein, ihren relativen Status mit einem gewissen Understatement deutlich machen zu können. Sie weisen sich allein durch die Farbe ihrer Bademäntel als einen Tick exklusiver aus als die ohnehin bereits exklusive übrige Klientel des Clubhotels."

Die Learnings

Wir haben gesehen, dass der Erwerbstrieb einer der wesentlichen Triebkräfte ist. Wir haben auch gesehen, dass es dabei vor allem um den Erwerb von *Status* geht. Der entscheidende Punkt: Es geht nicht um den absoluten Status, sondern um den *relativen* im Vergleich zu anderen. Dieses Relativitätsprinzip findet in unserem Beispiel einen markanten Ausdruck in der Farbe der Bademäntel. Auf den ersten Blick scheint dies trivial zu sein. Die systematische Farbgebung folgt jedoch der Logik menschlichen Verhaltens. Deshalb ist sie so wirkungsvoll.

Wichtig ist auch, dass hinter der Markierung – in unserem Fall die grüne Farbe – eine attraktive *Substanz* steckt, also die besser ausgestatteten Bungalows und andere exklusive Leistungen. Wenn wir hier konsequent weiterdenken, gelangen wir von der Markierung zur Marke. Der markante *Ausdruck* einer Marke, der dem Kennerblick geläufig ist, also Design, Materialien und andere Charakteristika, weisen über sich hinaus auf einen konkreten Marken*inhalt*, ein bestimmtes Produktprofil und somit auch auf das Profil des zufriedenen Besitzers. Recht einfach funktioniert diese Mechanik mit Logos und Signets. Ein Organizer mit einem dezent eingeprägten „f" auf dem Rücken ist eben als Produkt des Hauses Filofax erkennbar - und somit als Markenprodukt aus hochwertigem Material mit überzeugender Funktionalität zu einem hohen Preis, den ausschließlich besser verdienende, anspruchsvolle Kunden zu zahlen bereit sind. Verkäufer sollten unbedingt in ihren Verkaufsgesprächen auf genau diesen Zusammenhang hinweisen und das Besondere ihres Angebots in Bezug auf klar sichtbare Merkmale verdeutlichen: „Sehen Sie, lieber Kunde, Produkte des Hauses Filofax - klar erkennbar an diesem eingeprägten ‚f' - unterscheiden sich von allen anderen Organizern durch eine lange Tradition und Erfahrung, die ihren Ausdruck in besonders vielfältigen und aufwändigen Einlagevarianten findet."

Check it

- Machen Sie Ihre Kunden auf das Besondere Ihres Angebots aufmerksam - etwa auf die einmalige Qualität, eine einzigartige Tradition oder eine unübertroffene Funktionalität.
- Verdeutlichen Sie im Verkaufsgespräch, welchen sichtbaren Ausdruck diese Markeninhalte haben - also welche Designmerkmale, Labels oder Signets die Marke unverkennbar ausweisen.
- Differenzieren Sie Ihre Services und Leistungen nach Kundengruppen - zum Beispiel nach A-, B- und C-Kunden. Machen Sie diese Differenzierung nach außen sichtbar.

Die schlaflose Nacht: Kunden zum Nachdenken bringen

Business-Kunden bindet man dann am besten, wenn man ihnen keine bloßen Produkte verkauft, sondern strategische Lösungen. Dazu ist es in einem ersten Schritt wichtig, die Gedanken des Kunden in Bewegung zu setzen.

Die Story

Stephan Wessely ist Produkt-Manager eines Unternehmens, das digitale Druckmaschinen herstellt und vertreibt. Er hat die Erfahrung gemacht, dass in einer Krise wirklich eine Chance schlummern kann und dass seine Kunden selbst die besten „Verkäufer" seiner Druckmaschinen sind, wenn er sie aus ihren gewohnten Denkroutinen herausholt. Hier ist seine Geschichte:

„Ich erinnere mich noch genau: Es war Montag, ich habe mich gerade darauf vorbereitet, einen Kunden zu besuchen, und dazu noch ein paar aktuelle Verkaufszahlen ausgewertet. Das Geschäft ging nicht schlecht, aber auch nicht gerade gut. Zudem wurde gemunkelt, unser stärkster Konkurrent würde in Kürze eine neue, leistungsstarke Maschine zu einem unschlagbaren Preis anbieten. Ich wollte gerade zu meinem Kundentermin aufbrechen, als mein Geschäftsführer in der Tür stand: ‚Herr Wessely, bitte kurz auf ein Wort.' Seine Mine war finster wie die dunkelste Druckerschwärze. Wir gingen in sein Büro. Auf seinem Schreibtisch lagen die aktuellen Tabellen mit zahlreichen roten Ausrufezeichen versehen. ‚Viel gibt es nicht zu sagen, Sie kennen die aktuellen Daten und unsere Situation. Unsere Sales Unit hat aus der Zentrale zudem die Vorgabe, die Zahl verkaufter Einheiten um 25 Prozent zu steigern. 25 Prozent: Das gilt für jeden Produkt-Manager also auch für Sie. Lassen Sie sich was einfallen. Ich will Sie jetzt nicht weiter aufhalten.'

Soviel zum Thema Zielvereinbarung und Führungskultur. Was mir jedoch wirklich weiche Knie machte, war die Zahl 25. Sie schob alle meine anderen Gedanken zur Seite. 25 Prozent mehr. Ein ganzes Viertel zusätzliche Verkäufe in einer extrem angespannten Situation. Da musste ich durch. Doch jetzt stand erst einmal mein Kundentermin an. Den Kunden, den Leiter einer kleinen Druckerei, kannte ich schon seit ein paar Jahren. Zu seinen Kunden zählen vor allem kleinere Unternehmen in der näheren Umgebung. Für sie druckt er alle möglichen Drucksachen in kleineren Auflagen - Aktionsflyer, Speisekarten, Produktbroschüren und anderes mehr. Er kommt mit diesen Aufträgen gerade so durch. Heute wollte ich ihm eine unserer neuen Maschinen schmackhaft machen. So, wie er bislang gearbeitet hat, würde ihm eine neue Maschine reichen - mir jedoch nicht, wenn ich an meine neuen Zielvorgaben dachte. Doch wie konnte ich ihn dazu bewegen, zwei Druckmaschinen zu kaufen, bei seinem Umsatzpotenzial? Hier war meine Kreativität gefragt.

Mir war klar: Ich konnte ihn nur zum Kauf einer weiteren Maschine bewegen, wenn ich ihn davon überzeugen würde, dass er damit zusätzlich gutes Geld verdient. Darüber dachte ich während der Fahrt weiter nach, und war dann auch schon vor den Geschäftsräumen meines Kunden angekommen. Nach einer kurzen Begrüßung ging es dann auch schon in medias res. Ich stellte ihm die neue Maschine vor, zeigte ihm Prospekte, beschrieb alle relevanten Leistungsmerkmale und welchen Nutzen ihm die neue Anlage bringen würde. Ich erzählte ihm dann - und das war bereits ein wichtiger Schritt -, dass immer mehr große Unternehmen dazu übergehen, Imagebroschüren und Geschäftsberichte für die interne Abstimmung als Vorab-Versionen digital zu drucken und Printprodukte wie Mitarbeiterzeitungen digital produzieren zu lassen. ‚Der Markt für digitale Drucksachen explodiert in diesem Bereich nahezu.' Meine Worte blieben nicht ohne Wirkung, mein Kunde kam sichtlich ins Grübeln. Und ich habe Morgenluft gewittert. ‚Sie beliefern ausschließlich kleinere Firmen. Könnten Sie sich nicht vorstellen, Ihre Leistungen auch großen Unternehmen anzubieten? In Ihrer direkten Nähe gibt es drei Konzerne, die bestimmt daran interessiert wären, meinen Sie nicht?' Meine Fragen wirkten wie ein Katalysator. ,Ja, Sie haben Recht, wenn ich große Unternehmen als Kunden gewinne, bin ich auch nicht mehr auf sporadische Aufträge angewiesen, denn mit dieser Kundenschicht könnte ich mit Sicherheit langfristige Vereinbarungen treffen.'

Am übernächsten Tag hat mich mein Kunde angerufen: ,Sie sind Schuld, dass ich letzte Nacht so gut wie nicht geschlafen habe!' Ich wurde nervös. ,Vielen Dank! Sie haben mich dadurch zu der besten Idee meines Lebens geführt.' Ich wurde wieder ruhiger. ,Ich habe mal das Geschäftsvolumen überschlagen, das dahinter steht, wenn ich meine Leistungen auch großen Unternehmen anbiete. Die Idee ist sehr realistisch. Dazu brauche ich neue Maschinen. Mit meiner Bank habe ich auch schon mal einen groben Rahmen abgesteckt. Könnten Sie mir denn relativ zügig drei neue Maschinen liefern?' Drei neue Maschinen – nicht eine oder zwei, sondern gleich drei. Natürlich konnte ich liefern! Diese und andere Business-Ideen haben meine Kollegen und ich schriftlich ausgearbeitet und allen unseren Kunden geschickt. Ein durchschlagender Erfolg. Unsere bereits sehr ehrgeizigen Ziele haben wir sogar noch deutlich übertroffen."

Die Learnings

Wer neue Ziele hat, sollte nicht mehr die alten Wege gehen. Thomas Wessely war gezwungen, sein gewohntes Verkaufsverhalten zu durchbrechen, weil er mit einer sportlichen Herausforderung konfrontiert war. Während er früher seinen Kunden lediglich immer wieder ein neues Produkt, nämlich die jeweils aktuelle Druckmaschine, angeboten und verkauft hat, bietet er seinen Kunden jetzt auch strategische Business-Lösungen mit einer enormen Wertschöpfung.

In seinen Verkaufsgesprächen beschreibt er dazu nicht mehr nur seine Maschinen, sondern er entwickelt mit seinen Kunden neue Geschäftsmodelle und Marktstrategien. Dazu stellt er vor allem Fragen, die produktiv auf ein bestimmtes Ziel hinführen. Bei diesen *produktiven Fragen* können wir grundsätzlich drei Funktionen unterscheiden:

- *Analysieren*: Hier geht es darum, den Kunden zu einer Beurteilung zu bewegen: „Wie müssten Sie Ihre Manpower steigern, wenn Sie Ihren Umsatz verdoppeln wollten?"
- *Spekulieren*: Diese Fragen haben das Ziel, kreative Freiräume für neue Lösungen zu schaffen: „Wenn Sie uneingeschränkt über moderne Produktionssysteme verfügen würden, welche Kundensegmente könnten Sie dann zusätzlich ansprechen?"
- *Empfindungen ausdrücken*: Mit diesen Fragen sollen emotionale Barrieren erkannt werden: „Warum haben Sie den Schritt noch nicht gewagt, eine völlig neue Kundenschicht zu erschließen?"

Die Fragen wirken dann am besten, wenn Sie sie kurz und prägnant formulieren, wenn Sie eine überlegte Antwort Ihres Ansprechpartners erfordern und vor allem, wenn Sie relevant für die Situation Ihres Kunden sind. Für jedes Business sind hier natürlich andere Fragen zielführend. Wichtig ist jedoch stets, dass Sie die Gedanken Ihrer Ansprechpartner mit produktiven Fragen auf neue Wege führen. Verkaufsgespräche können dadurch in einer völlig neuen, konstruktiven und letzten Endes sehr lukrativen Richtung verlaufen. Damit die Fragen organisch in eine Gesprächssituation eingebettet sind, sollten Sie vorab das Interesse Ihrer Kunden wecken, ihnen Trends in ihrer Branche skizzieren und aktuelle Themen anschneiden. So schaffen Sie den Kontext, in dem sich kreative Gedanken bestens entfalten können.

Check it

- Wecken Sie das Interesse Ihrer Kunden an neuen Lösungen.
- Informieren Sie Ihre Kunden über aktuelle Themen, Trends und Chancen.
- Übertragen Sie entsprechende Möglichkeiten auf die konkrete Situation Ihrer Kunden.
- Stellen Sie Ihren Kunden produktive Fragen, die sie dazu bewegen, neue Business-Lösungen gedanklich zu entwickeln.

Der Colombo-Effekt: komplexe Lösungen bieten

Geschäftskunden haben in der Regel nicht nur ein Problem, sie haben meistens viele Probleme, die alle irgendwie zusammenhängen. Wem es hier gelingt, als „General Problem Solver" aufzutreten, der meistert damit seine eigenen wirtschaftlichen Herausforderungen.

Die Story

Wie schafft man es, aus Kunden loyale Kunden zu machen? Ganz einfach: Man nimmt ihnen ihre Probleme ab. Einem unserer Projektpartner, Klaus Hertzeg, gelang dies auf nahezu geniale Weise. Er hat sich vor über zehn Jahren als Inneneinrichter für Büroräume selbstständig gemacht. Heute bietet er weitaus mehr.

Klaus Hertzeg bot seinen Kunden von Anfang an ein breites Programm, selbstverständlich alles vom Feinsten, Büromöbel der renommiertesten Anbieter. Sein Geschäft lief von Anfang an sehr gut, er machte sich schnell in der gesamten Region einen Namen. Zum einen, weil er ein anerkannter Fachmann war, zum anderen, weil er vielseitig interessiert und Mitglied in verschiedenen Clubs und Vereinen war. Sein Freundes- und Bekanntenkreis war entsprechend groß. Er war in der beneidenswerten Lage, sich in Sachen Akquisition keine Sorgen machen zu müssen. Seine Kunden – Ärzte, Anwälte, Geschäftsführer – kamen so selbstverständlich zu ihm, wie sie Samstag nachmittags auf den Tennisplatz oder zum Golfen gingen, und orderten Tische, Stühle, Regale und Archivsysteme für ihre Praxen und Büros.

Doch so richtig zufrieden war Klaus Hertzeg trotzdem noch nicht. Ihm fehlte der richtige Durchstoß in die unternehmerische Spitzenklasse. Der sollte ihm mit einem Kunden gelingen, der ihn eines Tages besuchte. Er kannte ihn noch nicht und nahm sich deshalb die Zeit, sich ausführlich mit ihm zu unterhalten und ihn zum Erzählen zu bewegen. Und der Kunde erzählte gerne - und viel. Nach einer halben Stunde kamen sie zum Kern der Sache, zum Geschäft: „Ich brauche also Schreibtische und Bürostühle für zwanzig Mitarbeiter. Dazu noch die passenden Regale. Am liebsten alles aus einem Programm. Es soll schon etwas Hochwertiges sein, meine Kunden erwarten hier einiges von mir." Peter Hertzeg ging mit seinem Kunden verschiedene Kataloge durch, er erläuterte ihm die Vorzüge diverser Modelle und rechnete überschlägig einen ersten Kostenvoranschlag durch. Der Kunde war soweit zufrieden, und er wollte sich langsam wieder verabschieden. Da fiel Peter Hertzeg ein, dass der Kunde zu Beginn seiner Ausführungen sagte, er hätte „nackte" Büroräume in einem gerade errichteten Neubau angemietet. „Entschuldigen Sie, noch ganz kurz, sagten Sie nicht, Ihre Räume wären noch so gut wie nicht ausgestattet? Dann brauchen Sie doch bestimmt auch noch einen hochwertigen Bodenbelag." Der Kunde setzte sich wieder. „Stimmt!" Peter Hertzeg dachte daran, dass einer seiner Bekannten und Kunden einen Fachbetrieb für Bodenbeläge führte. „Ich biete Ihnen natürlich auch sehr gerne einen erstklassigen Laminatboden oder einen edlen Teppichboden. Wir müssten dazu nur noch einen separaten Termin vereinbaren. Wie viel Quadratmeter haben Ihre Büros noch einmal zusammen?" Sie sprachen auch diesen Punkt genauer durch. Die Idee, den Kunden rundum glücklich zu machen, arbeitete in Peter Hertzeg weiter. „Bei Bedarf biete ich Ihnen auch gerne Decken- und Tischlampen. Ach, wissen Sie was: Ich arbeite für Sie bis Donnerstag ein Angebot für die Büromöbel aus. Dann treffen wir uns wieder bei mir. Dazu lade ich weitere Fachleute ein, die Ihnen ebenfalls behilflich sein können - Böden, Lampen, Jalousien, Sie brauchen ja jetzt sehr viel. Ich kann Ihnen gewissermaßen alles aus einer Hand bieten und Ihnen als Ansprechpartner alle Leistungen, die Sie brauchen, vermitteln. Sie haben dann weniger Wege und können sicher sein, dass alles bestens miteinander harmoniert. Was halten Sie davon?"

Der Kunde hielt sehr viel davon. Peter Hertzeg lud für den anberaumten Termin drei seiner Bekannten ein. Der Kunde war äußerst zufrieden, weil Peter Hertzeg ihm eine Last von den Schultern genommen und seine Probleme in Sachen Büroausstattung komplett gelöst hatte. Durch den Erfolg angespornt, erweiterte Peter Hertzeg in den nächsten Jahren sein Leistungsspektrum gezielt und traf mit speziellen Anbietern Kooperationsvereinbarungen, frei nach dem Motto: Mein Kunde ist auch dein Kunde. Warum auch nicht, wenn doch alle davon profitieren?

Die Learnings

Peter Hertzeg hat aus der Not des Kunden eine Tugend für sich gemacht. Er konzentriert sich jetzt nach wie vor auf sein Kerngeschäft, den Verkauf von Büromöbeln. Doch er bietet seinen Kunden bei Bedarf alles, was ihr Herz begehrt - von der gesamten Innenausstattung bis zur Vermittlung neuer Büroräume. Er hat dazu verschiedene Spezialisten eingestellt und kann viele Leistungen selbst anbieten. Den Rest deckt er über ein Partnernetzwerk ab. Insgesamt konnte er so seinen Traum verwirklichen, in bisher unerreichbare Umsatzregionen vorzudringen. Erfolgreiche Vorbilder für dieses System gibt es genug. So bieten viele Speditionen, die sich auf Umzüge spezialisiert haben, alle erdenkbaren Zusatzleistungen an: Küchenmontage, Anschließen von Lampen, Behördengänge bis hin zur Kinderbetreuung. Dem selben Gedanken, Kunden bedarfsorientierte Lösungen zu bieten, folgt auch das sogenannte Category Management, wie es sich immer mehr Supermärkte auf die Fahnen schreiben. Kunden finden hier nicht nur den frischen Salat, den sie suchen, sondern auch gleich das passende Dressing, schöne Salatschüsseln und Rezeptideen.

Unabhängig davon, welche Produkte und Leistungen Sie bieten, Sie haben bestimmt auch viele Möglichkeiten, Ihren Kunden durch ein „One Stop Shopping" Zeit und Nerven zu sparen und sich selbst Zusatzverkäufe zu bescheren.

Check it

- Runden Sie Ihr Leistungsprofil ab, orientieren Sie sich dabei an den Bedürfnissen Ihrer Kunden.
- Denken und handeln Sie als „General Problem Solver“, machen Sie Ihren Kunden deutlich, dass Sie sich, wenn gewünscht, um sehr viel mehr kümmern können, als sie im Augenblick von Ihnen erwarten.
- Sondieren Sie in Ihren Beratungs- und Verkaufsgesprächen, wo Ihre Kunden überall der Schuh drückt, nehmen Sie dann ihr eigentliches Anliegen als Aufhänger und schieben Sie ergänzende Leistungen nach.
- Bauen Sie in Ihrem Unternehmen entsprechende Kompetenzen auf.
- Organisieren Sie sich in einem Partnernetz, das insgesamt keinen Kundenwunsch mehr offen lässt.

1 plus 1 gleich 3: die Wertschöpfungskette zu Ende denken

Kundenorientierung fängt damit an, dass man seine Kunden kennt. Strategische Kundenorientierung fängt damit an, dass man die Kunden seiner Kunden kennt. Denn wer über das entsprechende Wissen verfügt, kann seine Produkte so definieren und kommunizieren, dass sie vom Markt nahezu aufgesogen werden – und zwar auf Dauer.

Die Story

Carsten Betz ist Verkaufsleiter eines Herstellers von Wärmedämmplatten für die hochwertige Isolierung von Häusern. Zu seinen Kunden gehören in erster Linie Unternehmen des Baustoffgroßhandels. Obwohl die Baubranche in Deutschland so ziemlich am Boden ist, kann sich Carsten Betz über gut gefüllte Auftragsbücher freuen.

Wir hatten uns mit ihm darüber unterhalten, was seine Firma besser und anders macht als seine Mitbewerber: „Wir bieten unseren Kunden erstklassige Produkte. Ohne Qualität geht nichts. Der entscheidende Punkt: Wir richten die Qualität, die Merkmale unserer Produkte und unsere Nutzenargumentation an allen Stufen der Kundenkette aus, bis hin zum Endkunden. Und damit können wir unsere direkten Ansprechpartner immer überzeugen. Als ich den Job hier vor ein paar Jahren übernommen habe, konnte ich mich von der Wirksamkeit dieser Strategie überzeugen, als ich, nach einer gründlichen Schulung, meinen ersten Kunden besucht habe. Er war Geschäftsführer eines Baustoffgroßhandels in Norddeutschland. Ich habe ihm unsere Produkte und Services ausführlich vorgestellt und ihm unsere Preisvorstellungen erläutert. Er hörte schweigend zu und meinte: ‚Ihre Dämmplatten sind schon recht gut, auch die Zusatzleistungen, die Sie mir bieten, sind überzeugend. Doch Ihre Preise – da werden meine Kunden wohl nicht mitspielen.‘ Ich sah, dass er nicht einfach Rabatte rausholen wollte, sondern dass er von seinem Preisargument wirklich überzeugt war. Mir gelang es jedoch, seine Einschätzung um 180 Grad zu drehen. ‚Sehen Sie, Sie verkaufen Ihre Baustoffe doch dann am besten, wenn Sie Ihren Kunden - Architekten und Ingenieurbüros - den größtmöglichen Nutzen bieten. Genau das können Sie mit unseren Produkten. Unsere Dämmplatten sind qualitativ hochwertig, sie können in Neubauten und für die Altbausanierung eingesetzt werden, sie sind also flexibel nutzbar. Sie können zudem leicht, sauber, sicher und schnell verarbeitet werden. Wer sie verwendet, kann seine Bauprojekte terminlich schlank planen. Unsere Produkte sind hier denen des Wettbewerbs deutlich überlegen.' Zum Beweis habe ich ihm eine vergleichende Liste physikalischer Messwerte und anderer Daten vorgelegt. ‚Sie können Ihren Kunden also einen hohen Nutzen mit unseren Produkten bieten.' Seine Antwort war kurz und einfach: ‚Stimmt.' Ich wusste, ich hatte die halbe Strecke zum Ziel zurückgelegt. Jetzt machte ich mich an die zweite Hälfte. ‚Das beste Verkaufsargument ist jedoch, wenn Sie Ihren Kunden klar machen können, dass deren Kunden - in erster Linie private Häuslebauer oder Bauherren - von den Dämmplatten, die verwendet werden, profitieren.' Ich sah, dass es bei ihm ‚klick' machte, und fuhr fort: ‚Wie unsere Markterhebungen und Kundenanalysen deutlich machen', ich legte ihm wieder die entsprechenden Unterlagen vor, ‚schätzen Endkunden vor allem Wirtschaftlichkeit und Umweltverträglichkeit, und sie legen besonderen Wert darauf, dass die Dämmstoffe für ein angenehmes Raumklima sorgen. Noch kurz zur Wirtschaftlichkeit: Hier kommt es zum einen darauf an, dass durch die Dämmstoffe Heizkosten gespart werden, zweitens ist es wichtig, dass sie Bauschäden, wie sie beispielsweise durch Feuchtigkeit entstehen, vermeiden. Es geht also auch um den Werterhalt. Wir stehen mit unserem Namen für alle diese Vorteile. Und mit unserem Marketing sorgen wir dafür, dass sowohl Endkunden als auch Architekten alle relevanten Nutzenaspekte kennen. Dadurch sorgen wir für einen beständigen Nachfragesog.' Bereits mit diesem ersten Gespräch konnte ich das Fundament für eine langfristige und solide Kundenbeziehung legen."

Die Learnings

Geschäftskunden, die Ihre Produkte weiter nutzen und verarbeiten, haben Sie augenblicklich auf Ihrer Seite, wenn Sie ihnen verdeutlichen, dass sie mit Ihren Produkten ein hervorragendes Geschäft machen. Dazu ist es wichtig, die Wertschöpfungskette konsequent zu Ende zu denken. Die entscheidenden Fragen lauten hier: Was erwarten die Kunden Ihrer Kunden? In unserem Beispiel sind dies Architekten und Ingenieurbüros. Und: Was erwarten wiederum deren Kunden? In unserem Beispiel sind dies vor allem private Bauherren. Die jeweils erwünschten Benefits addieren sich über die einzelnen Kundenstufen. Mit der Summe aller Produktvorteile können Sie dann bei Ihren Kunden punkten – in Bezug auf unser Beispiel:

- Endkunde – Häuslebauer: Nutzenerwartungen a, b, c.
- Zwischenkunde – Architekt: Nutzenerwartungen d, e, f.
- Direkter Kunde – Baustoffgroßhandel: Nutzenerwartungen g, h, i.
- Verkauf – Hersteller von Dämmplatten: Wertschöpfungsargumente a bis i.

Wenn Sie die einzelnen Nutzen- bzw. Wertschöpfungsargumente über alle Kundenstufen addieren und Ihrem direkten Kunden präsentieren, entstehen argumentative Synergien – 1 plus 1 ist dann nicht gleich 2, sondern gleich 3 in den Augen Ihres Kunden.

Am besten überzeugen Sie Ihre Ansprechpartner, wenn Sie hier nachvollziehbar und mit klaren Daten und Fakten argumentieren. Dazu ist es sehr hilfreich, wenn Sie jede „Kundenstufe" genau analysieren und deren Kaufentscheidungen ständig im Auge behalten. So können Sie auf Marktveränderungen unmittelbar und flexibel reagieren. Idealerweise führen Sie dazu detaillierte Studien und Befragungen durch, deren Ergebnisse Sie schriftlich festhalten. Die Daten, die Sie im Markt aufnehmen, können Sie nicht nur für Ihre Vorteilsargumentation nutzen, Sie können die Kundenwünsche aus dem Endverbrauchermarkt auch direkt in die Entwicklung und Gestaltung Ihrer Produkte einfließen lassen. Entscheidend ist auch, dass sich der Vertrieb auf ein gutes Marketing verlassen kann. In unserem Beispiel wurden die Dämmplatten in der Fach- und in der Publikumspresse beworben und durch eine konsequente PR-Arbeit bei allen Kundenstufen „zu einem Namen gemacht". Darauf kann sich dann auch der Verkauf stützen. Beispielhaft führt dies Intel vor: Auf PCs, in denen die Intel-Prozessoren zum Einsatz kommen, lockt das Label „Intel inside" die Endkunden zum Kauf. Der Erfolg von Intel spricht für sich.

Check it

- Ermitteln Sie die Vorteile, die Ihren direkten Kunden wichtig sind.
- Ermitteln Sie die Vorteile, die sich die Kunden Ihrer Kunden erhoffen.
- Führen Sie dazu regelmäßige Markterhebungen und Kundenbefragungen durch.
- Nutzen Sie die Ergebnisse für Ihre Vorteilsargumentation und für die Entwicklung Ihrer Produkte.
- Führen Sie Ihre Produkte, auch wenn es sich um Komponenten handelt, als Marken.

Fassen wir zusammen

Wir haben gesehen, wie das Verkaufen im Premium-Segment in der Praxis vor sich geht. Die einzelnen Storys und Learnings decken das Feld erfolgreichen Verkaufens im Top-Segment natürlich bei weitem nicht ab, sie sind exemplarisch und greifen bestimmte Einzelaspekte heraus. Unser Ziel war es, Ihnen verschiedene beispielhafte Situationen vor Augen zu führen und Ihnen so einen praxisnahen Einblick in einige „Musterfälle" zu geben. Wir hoffen, wir konnten Ihnen so ein Gefühl dafür vermitteln, worum es beim Premium-Verkauf geht oder gehen kann.

Im nächsten Kapitel weiten wir unseren Blick wieder. Wir greifen dazu die entscheidenden Herausforderungen für Verkäufer auf, die wir im ersten Kapitel hergeleitet haben, und wir zeigen Ihnen - jetzt in einem umfassenderen und systematischeren Rahmen -, wie Sie diese meistern können. Doch bevor wir Ihnen unser System erfolgreichen Verkaufens vorstellen, versuchen wir erst einmal, von der Best Practice erfolgreicher Serviceprofis zu lernen: Schauen wir im folgenden „Intermezzo" kurz beim Spitzen-Gastgewerbe vorbei.

Intermezzo: Beim Spitzen-Gastgewerbe vorbeigeschaut

Was Leidenschaft mit Erfolg zu tun hat.

Wie die „Three Steps of Service“ des Ritz Carlton lauten.

Und weitere „Zutaten“ einer professionellen Dienstleistungskultur.

„We are Ladies and Gentlemen serving Ladies and Gentlemen"

Premium-Verkäufer werden aus drei Gründen mit dem Begriff „Premium" bezeichnet: Erstens verkaufen sie Top-Produkte und -Dienstleistungen. Zweitens wenden sie sich mit ihrem Angebot an Spitzen-Kunden. Und drittens: Sie gehören zu der ersten Garde ihrer Zunft. Doch woran kann man sich orientieren, wenn man in dieser Premium-Liga spielen will? Ganz einfach: an den Besten und an der *Best Practice* in Sachen Service und Kundenorientierung. Und die finden wir in der Spitzengastronomie und -hotellerie. Hier ist der Kunde wirklich König, hier ist er, wortwörtlich, ein gehegter und gepflegter Gast, hier geht es um Luxus, Stil und Lebensart. Übrigens können wir gerade hier wieder sehr gut sehen, wie die vier Triebkräfte der Premium-Kunden zusammenspielen:

- *Der Erwerbstrieb*: Wir erinnern uns: Hier geht es darum, seinen relativen Status gegenüber anderen zu verbessern. Und Sie können sicher sein: Wer regelmäßig in erstklassigen Restaurants verkehrt, erwirbt auch einen erstklassigen, differenzierenden Status im gesellschaftlichen Ranking.
- *Der Bindungstrieb*: Ein Fünf-Gänge-Menü genießt man in der Regel mit Freunden, der Familie oder Geschäftspartnern. Das gemeinsame Schlemmen in einer exklusiven Atmosphäre ist ein „social event" ersten Ranges.
- *Der Lerntrieb*: Wer gerne in Spitzenrestaurants speist, der macht dies auch, um immer wieder neue Kreationen zu entdecken, ungewohnten Geschmackserlebnissen nachzuspüren und neue Genüsse zu erkunden.
- *Der Verteidigungstrieb*: In Gourmettempeln verkehrt in der Regel ein ganz bestimmter Kreis. Hier is(s)t man unter sich. Dies dient auch dazu, seinen Status zu wahren und zu beschützen. Das eigene Selbstverständnis wird immer wieder bestätigt und bestärkt.

Doch zurück zu unserem Anliegen, von den Besten zu lernen. In der Managementlehre wird hier von „Benchmarking" geredet. Und eine solche „Benchmark" ist mit Sicherheit der Spitzenkoch Johann Lafer. Nicht ohne Grund gehört er zu den bekanntesten und beliebtesten Küchenkünstlern. In einer Veröffentlichung seines Hauses erfahren wir ein wenig über das „Rezept", das ihn so erfolgreich gemacht hat. Wir lesen hier, er habe „schon als Kind leidenschaftlich gern mitgekocht". Wir erfahren, wichtig wäre vor allem „die absolute Qualitätsphilosophie". Und er verrät uns: „Kochen und damit natürlich auch das Essen ist für mich mehr als nur Nahrungsaufnahme. Es ist Lebensart, es ist Kultur, es ist Kommunikation." Weiter lesen wir, das Geheimnis des Johann Lafer, aus seinem Namen eine Premium-Marke der Gastronomie zu machen, ist „Können gepaart mit Kreativität und Energie".[36] Bereits in diesen kurzen Statements finden wir eine Menge wertvoller Hinweise:

- *Leidenschaft*: Johann Lafer ist mit ganzem Herzen bei der Sache. Auch für Premium-Verkäufer ist es wichtig, ihrem Job nicht mehr oder weniger lustlos nachzugehen, sondern dafür echte Leidenschaft zu empfinden. Nur wer als Verkäufer Feuer und Flamme für seinen Beruf und seine Angebote ist, wird sich an die Spitzen setzen können.
- *Absolute Qualität*: Qualität bedeutet in der Gastronomie Qualität der *Produkte* und Qualität der *Prozesse*. Spitzenköche wie Johann Lafer geben sich bei beidem nur mit dem Besten zufrieden. Selbst einfache Gerichte werden nur aus den allerbesten Zutaten zubereitet, und der Weg, auf dem dies geschieht, ist mit absoluter Perfektion durchdacht – Gourmetküchen sind Hochleistungsorganisationen. Als Verkäufer hochwertiger Markenprodukte haben Sie zwar nicht immer unmittelbaren Einfluss auf die Qualität Ihres Angebots. Doch Sie haben es in der Hand, den Prozess, *wie* Sie Ihre Leistungen erbringen, selbst zu einem „Qualitätsprodukt" zu machen – dazu gehört der professionelle Umgang mit Ih-

ren Kunden genauso wie die perfekte Präsentation Ihres Angebots.

- *Lebensart und Kultur*: Gutes Essen ist keine „l'art pour l'art", es geht immer um mehr. Es ist ein Gesamtkunstwerk mit vielen miteinander verbundenen Aspekten. Dies gilt für jedes Premium-Angebot. Eine Patek Phillipe ist nicht nur dazu da, um die Zeit anzuzeigen. Sie ist auch ein sichtbarer Ausdruck eines sicheren Stilempfindens einer wahrnehmbaren Lebensart. Als Verkäufer sollten Sie deshalb auch kulturelle Werte und Stil vermitteln – von Ihrem Auftreten über Ihre Kundenkommunikation bis zum Ambiente Ihrer Verkaufsräume.
- *Können, Kreativität und Energie*: Johann Lafer und andere Spitzenköche sind Meister ihres Faches. Sie haben ihren Beruf von der Pike auf gelernt und ihr Können, ihr Know-how und Do-how, bis zu einem extrem hohen Level perfektioniert. Dazu gehört auch, dass sie sich nicht mit Standardlösungen zufrieden geben. Sie entwickeln stets neue Ideen. Kreativität und Ideenreichtum sind mit die wichtigsten Zutaten der Sterneküche. Sie sorgen für das besondere und einmalige Erlebnis, das auch die versiertesten Genießer immer wieder fasziniert. Und wer einmal einen Starkoch eine Woche lang begleitet hat, der sieht mit größtem Respekt, welche Arbeitsleistung und Energie dazu gehört, ein Spitzenniveau zu halten und immer weiter auszubauen. Und genau diese Leistungsmerkmale – Können, Kreativität und Energie – tragen auch wesentlich dazu bei, um aus Verkäufern erfolgreiche Premium-Verkäufer zu machen.

Wenn wir eine etwas weitere Perspektive einnehmen, kommt neben der Spitzenküche die Spitzenhotellerie in unser Blickfeld, auch hier können wir von den Besten lernen. Und dazu zählt mit Sicherheit „The Ritz Carlton". Das internationale Premium-Hotel besticht vor allem durch einen erstklassigen Service. Wer einmal in diesem Hotel zu Gast war, hat das Gefühl, dass jedem einzelnen Mitarbeiter der Dienst am Kunden als persönliches Anliegen in Fleisch und Blut übergegangen ist. Doch das kommt nicht von Ungefähr. Das „Ritz Carlton" sichert sich seinen hohen Service-Level durch klar definierte Qualitätsstandards. Auch hier weiß man, dass Service zwar immer eine Herzensangelegenheit ist, dass er von den Mitarbeitern jedoch rational verstanden, akzeptiert und *gelernt* werden muss. Dafür sorgen klar definierte und schriftlich fixierte Leitgedanken, die für jeden Mitarbeiter verbindlich sind. Schauen wir uns ein Beispiel kurz an - die „Three Steps of Service":

THREE STEPS OF SERVICE

1
A warm and sincere greeting.
Use the guest name, if
and when possible.

2
Anticipation and
compliance with guest needs.

3
Fond farewell. Give them
a warm good-bye and use their
names, if and when possible.

Die Three Steps of Service des „Ritz Carlton"

Dies sind nur drei kurze und scheinbar einfache Anweisungen. Sie prägen jedoch die Einstellung und das Verhalten der Mitarbeiter in entscheidender Weise, vom Beginn bis zum Abschluss eines „Kundenkontaktes". Es fängt an mit einer warmen und herzlichen Begrüßung, bei der der Gast, wenn möglich mit seinem Namen angeredet wird. Es geht damit weiter, den Kunden die Wünsche von den Augen abzulesen, bevor sie diese ausgesprochen haben. Und es hört auf mit einer freundlichen Verabschiedung, bei der der Gast wieder mit seinem Namen angeredet wird. Schließlich ist nichts so persönlich wie der eigene Name! Das Ritz Carlton verfügt noch über weitere und differenziertere Statements in Sachen Service. Das Entscheidende: Sie liegen nicht als angestaubte Papiere in irgendwelchen Schubladen, sie sind wichtiger Teil eines umfassenden Management- und Personal-Entwicklungssystems. Nur so können sie prägender Teil einer lebendigen und kundenorientierten *Dienstleistungskultur* werden. Ein Statement - das Motto des Ritz Carlton - gefällt uns dabei besonders gut, es lautet:

„We are ladies and gentlemen
serving ladies and gentlemen."

Wir sind Ladies and Gentlemen, und wir bedienen Ladies and Gentlemen: In diesem kurzen Satz kommen zwei wichtige Dinge zum Ausdruck, die auch für das Selbstverständnis von Premium-Verkäufern von entscheidender Bedeutung sind. Auf unser Thema übertragen: Zum einen begegnen sich Kunde und Verkäufer auf einem gemeinsamen, hohen Niveau. Beide sind „ladies and gentlemen". Dennoch ist die Beziehung nicht symmetrisch, es besteht ein wichtiger Unterschied, er wird in dem Motto durch das Verb „serving" ausgedrückt. Die Verkäufer sind für die Kunden da, und nicht umgekehrt. An den Verkäufern ist es, sich selbst zurückzunehmen und ausschließlich auf die Wünsche und Befindlichkeiten des Kunden zu achten - denken Sie an den antiquiert klingenden, jedoch treffenden Begriff der „Demut". Wir haben weiter vorne bereits beschrieben, wie wichtig es ist, trotz eines gemeinsamen Miteinanders auf einem verbindenden hohen Niveau dennoch eine differenzierende Distanz zu wahren. Viele Verkäufer verkennen diesen wichtigen Grundsatz und sehen sich ohne das entscheidende „serving" auf einer Ebene mit ihren Kunden. Im Ritz Carlton -

und in allen anderen Premium-Kontexten - haben solche Verkäufer jedoch nichts zu suchen.

Eine kompromisslose Service-Haltung wird auch mit einer Anzeige von „Marriott Hotels & Resorts" vermittelt.[37] Auf der Anzeige sehen wir im Hintergrund einen Hotelgast in einer edel eingerichteten Suite. Er bindet sich gerade eine Krawatte um. Im Vordergrund lächelt ein Serivcemitarbeiter den Betrachter der Anzeige an. In seinen Händen hält er verschiedene modische Krawatten. Wir lesen:

> Streifen oder uni?
> Ihr Erfolg ist uns immer einen
> Extra-Service wert.
>
> Gerade in unvorhersehbaren Situationen zeigt sich, wie wertvoll ein exzellenter Service ist. Zum Beispiel, wenn es um die fehlende Krawatte für Ihren Geschäftstermin geht. Wir sind für Sie da. Jederzeit. Damit Ihre Geschäftsreise das wird, was Sie sich wünschen: ein voller Erfolg. Wir übertreffen Ihre Erwartungen gerne. It's the Marriott way.^{SM}

Ausdruck einer kompromisslosen Service-Haltung: die Anzeige von Marriott Hotels & Resorts

Was steckt in diesem kurzen Anzeigentext alles drin! Vor allem ist die Botschaft entscheidend, dass es nicht nur darum geht, die Erwartungen des Gastes - hier geht es um Geschäftsreisende - zu erfüllen. Das Versprechen lautet, diese Erwartungen sogar zu *übertreffen*, und zwar gerne, oder anders gesagt: mit Leidenschaft! Hier sehen wir auch wieder, wie Markenarbeit funktioniert. Der Claim „It's the Marriott way" bündelt verschiedene Leistungsversprechen, die für die Marke „Marriott" stehen. Und die Gäste werden von jedem Mitarbeiter erwarten, dass er dieses Versprechen auch einlöst. Top-Mitarbeiter werden dies auch kompromisslos tun.

Soweit unser Ausflug in die Spitzengastronomie. Die Erfolgsfaktoren, die aus unserem kurzen „Benchmarking“ folgen, werden wir auf den nächsten Seiten wieder aufgreifen.

Benchmarking Sterne-Gastronomie
■ *Leidenschaft*: Seien Sie mit ganzem Herzen bei Ihren Aufgaben.
■ *Qualität*: Bringen Sie Ihre Leistungen qualitativ überzeugend auf den Punkt.
■ *Lebensart und Kultur*: Vermitteln Sie die kulturellen Werte, für die Ihr Angebot steht.
■ *Können*: Perfektionieren Sie Ihr Know-how und Do-how jeden Tag.
■ *Kreativität*: Variieren Sie Ihre Leistungen und Ihr Serviceangebot, gehen Sie auch ungewohnte Wege.
■ *Energie*: Erledigen Sie Ihre Aufgaben und gehen Sie Ihren Weg insgesamt mit kompromissloser Entschlossenheit.
■ *„Serving“*: Verstehen Sie sich als Dienstleister.

Das 5-Sterne-System des Premium-Verkaufs

Warum Premium-Verkauf im Kopf beginnt.

Was Sie zum Thema „Wissen“ wissen müssen.

Und welche Kompetenzen insgesamt
einen Premium-Verkäufer aus Ihnen machen.

Der Himmel ist die Grenze

Von den Besten im Gastgewerbe können wir also auch bestens lernen. Schließlich geht es hier darum, anspruchsvollen Kunden Spitzenprodukte und erstklassige Dienstleistungen zu verkaufen. Der Unterschied zu vielen anderen Branchen ist jedoch der, dass im Top-Gastgewerbe der Servicegedanke schon lange eine Selbstverständlichkeit ist. Für die entsprechende kompromisslose Qualität werden hier von den Testern des Guide Michelin „Sterne" vergeben. Diese Auszeichnung steht für absoluten Premium-Anspruch. Dass hier „Sterne" als Zeichen höchster Qualität gewählt werden, ist kein Zufall. Denn der Begriff „Stern" ist positiv besetzt. Wer es im Rampenlicht des öffentlichen Interesses zu etwas gebracht hat, ist ein „Star", wer außerordentlichen Ehrgeiz an den Tag legt, der „greift nach den Sternen", wer vom Glück verwöhnt wird, wird von einem „guten Stern geführt", wem es im Leben gut geht, der wurde „unter einem guten Stern geboren", und wer für einen anderen das Unmögliche möglich machen möchte, der will für ihn „die Sterne vom Himmel holen". Weil wir auch wollen, dass die von uns trainierten Verkäufer - und auch Sie, liebe Leser, - nach den Sternen greifen, haben wir ein Konzept entwickelt, das wir Ihnen auf den nächsten Seiten vorstellen als „Das 5-Sterne-System des Premium-Verkaufs".

Die fünf „Sterne" entsprechen exakt den fünf Herausforderungen für Verkäufer, die wir im ersten Kapitel hergeleitet haben. Jeder „Stern" umfasst dabei ein bestimmtes Kompetenzfeld, das Sie als Premium-Verkäufer sicher beherrschen müssen. Im Einzelnen geht es dabei um folgende Themen:

- Einstellung
- Wissen
- Emotionen

- Persönlichkeit
- Kommunikation

In den Storys und Learnings haben wir die eine oder andere Kompetenz bereits „live“ erlebt. Jetzt geht es darum, alle fünf Kompetenzfelder systematisch zu beschreiben und zu zeigen, wie Premium-Verkäufer die einzelnen Herausforderungen jeweils meistern können, über welche Kenntnisse und Fähigkeiten sie verfügen müssen, damit für sie erst der *Himmel die Grenze* ist. Wir geben Ihnen dazu viele Tipps und praxiserprobte Ratschläge. Allerdings: Wir möchten Ihnen wie gesagt kein „fertiges“ Regelwerk vorlegen, das bis ins letzte Detail durchdekliniert ist. Mit den „5 Sternen“ wollen wir Ihnen vielmehr inhaltliche Orientierungspunkte geben, die wir in der täglichen Arbeit mit unseren Kunden als wesentlich erkannt haben. Wir setzen für Sie einen Rahmen, und wir laden Sie dazu ein, diesen Rahmen als „Führungskraft in eigener Sache“ (dazu kommen wir gleich) selbstständig weiter zu füllen und zu konkretisieren. Insgesamt plädieren wir damit für eine erfolgsorientierte Systematik (die wir Ihnen an die Hand geben) und eine individuelle Konkretisierung (die Sie selbst übernehmen können) - dies tun wir aus einem wesentlichen Grund: Premium-Verkauf folgt bestimmten Prinzipien, deshalb sind generelle inhaltliche Orientierungspunkte, wie wir sie Ihnen vermitteln, hilfreich. Jedes Unternehmen mit seiner besonderen Kultur, seinen speziellen Produkten, Leistungen und Kunden erfordert jedoch ein maßgeschneidertes Vorgehen, und das können letzten Endes nur Sie selbst entwickeln (eventuell mit einem Coach, Trainer oder Berater an Ihrer Seite). Die „Sterne“ weisen Ihnen also den Weg - gehen müssen Sie ihn jedoch selbst. Kommen wir gleich zum ersten „Stern“ auf Ihrem Weg an die Spitze.

Stern 1: Einstellung – Erfolg beginnt im Kopf

Im ersten Kapitel haben wir gesehen, dass sich das Verkaufen in vielen Dingen grundlegend geändert hat. Dies gilt vor allem für den Verkauf im Top-Segment. Denn der Premium-Kunde hat ganz besondere, in ihrer Ausprägung neue Ansprüche: Er will Qualität, Leistung und professionellen Service; er legt auf Werte wert, auf ein emotional begeisterndes Kauferlebnis und eine menschlich gewinnende Beratung. Dafür hat seine Markentreue nachgelassen. Einer unserer eigenen Kunden, er gehört zu Europas größten Autohäusern im Premium-Segment, hat festgestellt, dass in den letzten Jahren die emotionale Bindung seiner Zielgruppe an Fahrzeuge und Marke nachgelassen hat. Während Kunden früher glücklich waren, wenn das Autohaus ihre Wagen technisch in einem perfekten Zustand hielt, reicht das heute nicht mehr aus. Die Klientel hat sich verändert: Vor allem jüngere Kunden und Fahrer von Geschäftswagen sind dazugekommen, und sie erwarten neben der technischen Bestleistung jetzt auch einen Spitzenservice auf einem persönlich hohen Niveau. Gemeinsam mit diesem Kunden haben wir ein Center-of-Competence-Projekt durchgeführt. Im Mittelpunkt stand die Frage, was die „neuen Kunden" wirklich wünschen und mit welchem Verhalten und welchen Leistungen darauf reagiert werden kann. Es ging dabei grundsätzlich darum, den Mitarbeitern eine neue *Einstellung* gegenüber den Kunden zu vermitteln, alte Denkgewohnheiten aufzugeben und durch einen frischen Blick auf die Kunden und die eigenen Aufgaben zu ersetzen.[38]

Der Zusammenhang ist einfach: Wenn sich alles um uns herum verändert, müssen wir uns selbst verändern. Und ein wichtiger Schlüssel liegt darin, eine neue Einstellung zu gewinnen – gegenüber Kunden und sich selbst. Denn unsere Einstellungen bestimmen,

- wie wir die Welt wahrnehmen,
- was wir denken und
- wie wir uns verhalten

Sie können über das umfassendste Sales-Know-how verfügen, doch Sie können es nicht wirkungsvoll anwenden, wenn Sie die Verkaufswelt durch die Brille unangemessener Einstellungen betrachten. Wenn es Ihnen jedoch gelingt, Ihr Mindset auf die Welt des Premium-Segments auszurichten, haben Sie bereits eine wichtige Basis für Ihren Erfolg gelegt. Im Folgenden beschreiben wir die Einstellungen, die für Sie nach unserer Erfahrung besonders wichtig sind.

Retail-Geschäft		**Premium-Verkauf**
	Einstellung	
Wir wollen vielen Kunden vieles bieten		Wir bieten wenigen exklusiven Kunden etwas Besonderes
	Denken	
Der Umgang mit Kunden ist ein „Business as usual“		Der Umgang mit unseren Kunden ist sehr persönlich
	Handeln	
Wir leisten gute und solide Arbeit	allgemein	Wir leisten perfekte Arbeit mit höchsten Qualitätsansprüchen
Wir sprechen die breite Masse an	Akquisition	Wir wenden uns an bestimmte Kunden
Wir führen sporadische Kundenkontakte	Betreuung	Wir betreuen unsere Kunden intensiv und partnerschaftlich

Einstellung, Denken und Handeln bilden immer eine logische Einheit.

Offenheit: einen frischen Blick wagen

Damit Sie sich in der Welt des Premium-Verkaufs zurechtfinden, ist es an erster Stelle wichtig, dass Sie dieser Welt neugierig und mit *offenen Augen* begegnen. Wagen Sie einen *frischen Blick* auf die vermeintlich gewohnten Dinge. Fragen Sie sich:

- Wie haben sich meine Kunden in den letzten Jahren verändert?
- Wie sieht ihre Befindlichkeit aus?
- Was wollen sie wirklich?

Treten Sie Ihren Kunden offen gegenüber und reden Sie mit ihnen, fragen Sie Ihre Kunden immer wieder, welche Wünsche sie haben und was sie erwarten. Diese Offenheit wird dazu beitragen, dass Sie Ihre Kunden immer besser verstehen - und dies ist eine wesentliche Voraussetzung für Ihren Erfolg.

Entscheidend ist auch, dass Sie *sich selbst* offen und ehrlich auf den Prüfstand stellen - und zwar aus der Perspektive der Premium-Kunden: Was erwarten meine Kunden heute *von mir persönlich*? Premium-Kunden sind hart arbeitende Menschen mit einem besonderen Anspruchsdenken - entspreche ich dem? Bin ich in den Augen meiner Kunden der Problem-Solver, den sie suchen? Auf den ersten Blick scheint dieser Selbsttest eine leichte Übung zu sein, er ist es jedoch bei weitem nicht. Unsere Psyche schlägt uns hier in der Regel ein Schnippchen. Denn wenn wir Gefahr laufen, auf selbstkritische Fragen negative Antworten zu finden, suchen wir den Grund dafür überall, nur nicht bei uns selbst. „Stimmt, meine Kunden sind immer häufiger sauer, wenn ich nicht gleich spure. Daran sind sie jedoch selbst schuld - warum haben sie auch so überzogene Anforderungen?!“ So oder so ähnlich biegen wir uns die Welt zurecht, wenn wir in einem nicht ganz so guten Licht erscheinen könnten. Dazu ein Psychologe: „Können wir negativen Schlüssen über uns selbst nicht entgehen, kann das sehr viel bedrohlicher und unangenehmer sein, als ein negatives Urteil über jemand anderen fällen zu müssen. Kein Wunder also, dass wir über ganz spezielle Strategien verfügen, die uns der Notwendigkeit entheben, uns negative Verhaltensfolgen selbst zuzuschreiben."[39] Wie gesagt: Wir suchen Fehler meistens nicht bei uns, sondern bei Kunden, bei unseren Arbeitsumständen oder beim schlechten Wetter, irgendetwas fällt uns immer ein. Dies hilft jedoch nicht weiter. Also: Begegnen Sie Ihren Kunden - und sich selbst - offen und frei von Vor-Urteilen. Dies gilt vor allem, wenn Sie Geschäftskunden seit vielen Jahren beraten und betreuen. Befreien Sie sich von Denkroutinen, die früher vielleicht einmal richtig und wichtig waren, heute jedoch ausgedient haben und Ihrem Verkaufserfolg im Weg stehen. Begegnen Sie der Welt des Premium-Verkaufs mit einem unverbrauchten Blick. Bewegen Sie sich aus Ihrer gewohnten Wahrnehmungsperspektive heraus. Denn wer etwas bewegen will, der muss sich selbst bewegen.

Optimismus: in Chancen denken

Unsere Einstellungen dem Leben, den Menschen und uns selbst gegenüber entscheiden über unseren beruflichen Erfolg. Denn sie setzen für unser Denken und Handeln einen Rahmen. Innerhalb dieses Rahmens nehmen wir alles wahr, was wir erleben und erfahren. Zwei Grundeinstellungen, die hier besonders wichtig sind, lauten *Optimismus* und *Pessimismus*. Wenn ein Optimist und ein Pessimist das gleiche sehen, nehmen sie noch lange nicht dasselbe wahr. Wenn ein Optimist eine Niederlage erleidet, sagt er sich: „Was soll's? Beim nächsten Mal wird's wieder besser." Und er macht sich aufs Neue mit frischer Kraft ans Werk. Über kurz oder lang wird er seinen Erfolg schon erreichen. Wenn ein Pessimist hingegen eine Niederlage erleidet, läuft eine völlig andere Interpretationsroutine ab: „Immer trifft es mich. Ich bin einfach nicht gut genug. Klar, dass ich jedes Mal eine Niete ziehe." Auf die Dauer empfinden sich Pessimisten selbst als Nieten, sie verlieren ihren Drive, machen ihren Job mit immer weniger Kraft. Und schließlich bleiben die Erfolge dann auch wirklich aus.

Im Wesentlichen geht es hier um die Kunst, nicht in *Problemen*, sondern in *Chancen* zu denken. Der Pessimist sieht vor lauter Problemen keine Chancen mehr, auch die nicht, die es faktisch gibt. Der Optimist hingegen entdeckt selbst unter vielen Problemen noch chancenreiche Möglichkeiten - und nutzt sie mit Erfolg! Management-Experte Fredmund Malik meint dazu in Bezug auf Führungskräfte: „Der Grundsatz, positiv zu denken, hat die Funktion, die Aufmerksamkeit von Führungskräften auf die Chancen zu richten. Das bedeutet nicht, dass die Probleme ignoriert werden dürfen, dass man sie hinwegphilosophiert, leugnet oder verdrängt. Genau das ist eine der Formen, in denen die Scharlatanerie und ‚Gesundbeterei' in Zusammenhang mit dem positiven Denken auftritt. Sie fordert dazu auf, die Augen vor den Problemen zu schließen. Das ist hier nicht gemeint."[40] Malik benennt den springenden Punkt: Es geht nicht darum, Probleme zu leugnen, sondern sie zu akzeptieren, gegenüber den Chancen angemessen zu gewichten und zu lösen. Der entscheidende Schritt besteht darin, sich durch Probleme nicht irritieren zu lassen, sondern mit den Chancen vor Augen seinen Weg konsequent weiterzugehen. Dabei können auch Probleme und Niederlagen helfen, denn sie zeigen uns, wo und wie wir noch besser werden können, um aus unseren Chancen Erfolge zu machen. Also: Seien Sie ein „realistischer Optimist"! Gehen Sie Probleme, die sich Ihnen stellen, konstruktiv an, verstehen Sie sie als Herausforderungen. Und lassen Sie sich auf Ihrem Weg an die Spitze des Premium- Verkaufs immer nur von Ihren Chancen und Möglichkeiten lenken. Einen besseren Karrierewegweiser gibt es nicht.

Leadership: die Führung übernehmen

Die Einstellungen „Offenheit" und „Optimismus" sind wertlos, wenn Sie Ihnen keine bestimmte *Richtung* und *Dynamik* geben. Dies gelingt Ihnen dann am besten, wenn Sie sich als „Leader", als aktive Führungskraft verstehen. Diese Einstellung hat zwei eng miteinander verbundene Seiten (wenn wir einmal das Führen von Mitarbeitern beiseite lassen):

- Zum einen sollten Sie lernen, *sich selbst* zu führen.
- Zum anderen ist es wichtig, dass Sie *Ihre Kunden* führen.

Gleich zum ersten Punkt: Die Fähigkeit, sich selbst zu führen, wird immer mehr zu einem entscheidenden Erfolgsfaktor, gerade, was die langfristige berufliche Entwicklung angeht. Management-Vordenker Peter F. Drucker betont dabei zum Beispiel, dass vor allem die so genannten Wissensarbeiter - und dazu gehören für uns die Verkäufer im Top-Segment par excellence -, Verantwortung für ihre eigene Entwicklung übernehmen müssen: „Sie werden sich Strategien überlegen müssen, die Sie während eines fünfzigjährigen Berufslebens jung und geistig rege bleiben lassen. Sie werden lernen müssen, wann und wie Sie Ihr Handeln verändern sollten."[41] Drucker macht hier deutlich, dass es darum geht, sich aktiv, vorausschauend und eigenverantwortlich zu entwickeln. Er benutzt dabei übrigens nicht die Begriffe „Führung" und „Leadership", sondern „Selbstmanagement". Wir reden hier jedoch lieber von „Leadership", weil Leadership im Gegensatz zum Management - zumindest nach unserem Verständnis - auch eine starke kreative und motivierende Seite hat. Und gerade darauf kommt es an, wenn wir uns selbst nach vorne führen.

Verstehen Sie sich also in diesem Sinne als Leader - auch und gerade in eigener Sache. Sie sind schließlich der Chef in Ihrem Leben! Wichtig ist dabei, dass Sie für Ihr Weiterkommen die volle Verantwortung übernehmen. Sie sind verantwortlich für Ihren Erfolg - und nicht Ihr Chef oder Ihre Teammitglieder und erst recht nicht Ihre Kunden. Setzen Sie sich dazu Ihre eigenen *Entwicklungsziele*. Drucker nennt hier einen wichtigen Punkt: „Konzentrieren Sie sich auf Ihre Stärken. Positionieren Sie sich dort, wo Sie Ihre Stärken in Leistung und Ertrag umsetzen können."[42] Natürlich sollten Sie auch an Ihren Schwächen arbeiten, sodass Sie Ihr Handwerk in allen wesentlichen Bereichen sicher beherrschen. Doch eine Spitzenposition können Sie nur erreichen, wenn Sie Ihre besonderen Stärken gezielt weiter ausbauen. Vielleicht können Sie besonders gut konzeptionell denken und unschlagbare Lösungen für Ihre Kunden entwickeln, vielleicht liegt Ihre besondere Stärke darin, sehr vertrauensvolle Kundenbeziehungen zu führen, vielleicht liegt es Ihnen am meisten, mitreißende Präsentationen zu halten. Ein *begabter* Cellist kann ein *hervorragender* Cellospieler werden, wenn er seine Talente ausbaut, als mäßig talentierter Pianist wird er jedoch – auch wenn er sich noch so anstrengt – Mittelmaß bleiben. Um es noch einmal zu sagen, damit keine Missverständnisse bleiben: Natürlich sollten Sie auch an Ihren Schwächen arbeiten. Wenn Sie kein begnadeter Redner sind, dann üben Sie regelmäßig, frei zu sprechen. Wenn Sie sich nicht besonders gut organisieren können, dann trainieren Sie es immer wieder. Doch konzentrieren Sie sich vor allem darauf, genau da Spitzenleistungen zu zeigen, wo Sie es auch wirklich können. Denn genau dadurch heben Sie sich vom Durchschnitt ab und gewinnen ein unschlagbares, persönliches *Erfolgsprofil.*

Ein zweiter wichtiger Punkt: Wenn Sie sich als Leader in eigener Sache verstehen, besteht eine Ihrer wichtigsten Tugenden darin, etwas zu „unternehmen". Leadership und unternehmerisches Denken und Handeln gehören eng zusammen. Seien Sie also aktiv, nehmen Sie die Dinge selbstbewusst in die Hand, freuen Sie sich darauf, auf Premium-Kunden von sich aus zuzugehen, sie anzurufen und Termine zu vereinbaren.

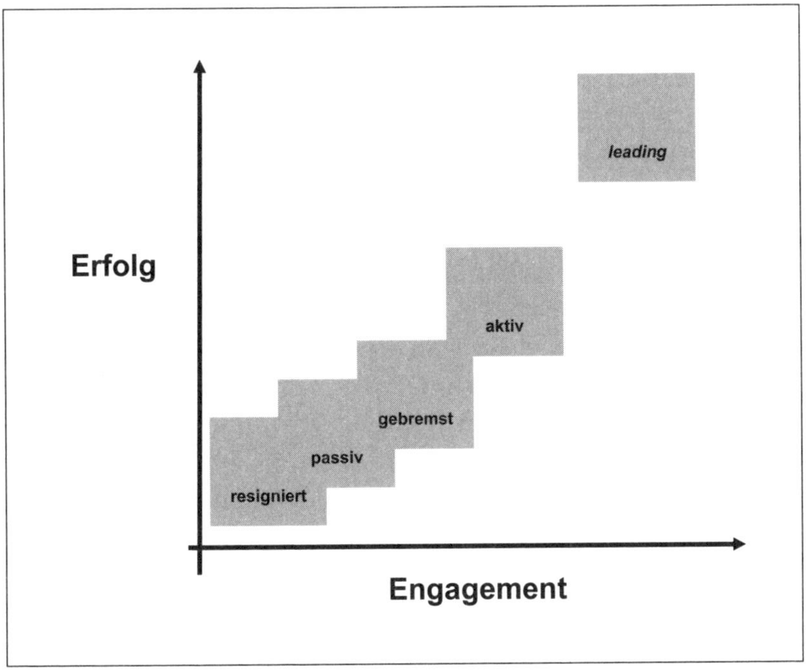

Wer als Leader und Führungskraft in eigener Sache auftritt, zeigt maximales Engagement und erreicht maximale Erfolge.

Der zweite wesentliche Punkt, der sich aus der Einstellung ergibt, ein Leader zu sein, heißt: Führen Sie Ihre Kunden! Der Kerngedanke lautet hier: Betrachten Sie den jeweils relevanten Kunden und sich als *Team*, wobei Sie der Team-Leader sind. Aus diesem Gedanken folgt, dass Sie nicht *gegen* Ihren Kunden arbeiten - was erstaunlich viele Verkäufer tun -, sondern *mit ihm zusammen*, dass Sie versuchen, gemeinsame Ziele sicher zu erreichen - dies können bedarfsorientiert ausgewählte Produkte sein oder maßgeschneiderte Lösungen. Dies ist besonders wichtig, wenn Sie Business-Kunden betreuen, vor allem hier müssen Sie die Ziele Ihres Kunden zu Ihren eigenen machen und für Ihre Kunden aktiv mitdenken. Sie tragen die Verantwortung dafür, dass Ihre Kunden ihren Weg machen. In diesem Sinne sollten Sie sich nicht als Verkäufer, sondern als erfolgsorientierter Business-Partner Ihrer Kunden betrachten.

Leistung: Engagement zeigen

Eng verbunden mit der Einstellung, Führungskraft in eigener Sache zu sein, ist die Einstellung *Leistung* zeigen. Premium-Verkäufer müssen schon allein deshalb über diese Einstellung verfügen, weil ihre Kunden, die Premium-Kunden, konsequent dem Leistungsprinzip folgen. Sie erwarten dabei nicht nur von sich selbst, sondern auch von den Menschen, mit denen sie zu tun haben, eine überdurchschnittliche Performance. Der unerschütterliche Wille, Leistung zu zeigen und Ergebnisse zu erzielen, ist ein starkes Erfolgsmodell. Die Führungsexperten Heike Bruch und Sumantra Goshal weisen mit Nachdruck darauf hin: „Willenskraft ist ein stärkerer Antrieb als bloße Motivation. Motivation ist der Wunsch, etwas zu tun. Wille ist die absolute Entschlossenheit, sich für ein bestimmtes Ziel einzusetzen."[43] Willenskraft ist die Basis für Hochleistung. Grundlagen der Willenskraft sind dabei nicht wie bei Motivationskonzepten irgendwelche Belohnungen oder ein erhoffter Spaß an der Sache. Willenskraft resultiert vielmehr aus der *rationalen* und *emotionalen Bindung* an ein bestimmtes Ziel, an Aufgaben und Herausforderungen. Dieses Commitment trägt dazu bei, auch längere Durststrecken zu überwinden und sich auch nicht durch Rückschläge aufhalten zu lassen. „Motivation erlahmt oft, wenn negative Rückmeldungen eingehen, Kollegen Widerstand leisten oder das Management sich uninteressiert zeigt. Willenskraft dagegen wird durch Hindernisse noch angefacht. Klein beizugeben kommt nicht infrage", so die Wissenschaftler.

Eine leistungsorientierte Einstellung findet eine weitere wichtige Entsprechung in dem Weg, *Effektivität* und *Effizienz* bei allen wesentlichen Aktivitäten zu verbinden. Hier geht es zum einen darum, sich auf die *entscheidenden Dinge* zu konzentrieren. In der Regel sind dies Aufgaben, die für eine hohe Wertschöpfung sorgen. Und es geht darum, diese Aufgaben so gut wie möglich umzusetzen. Wer in diesem Sinne die richtigen Dinge auch richtig tut, wer seine Kräfte wirksam auf die wesentlichen Aufgaben fokussiert, der wird ein deutliches Mehr an Produktivität verzeichnen. Wesentliche Fragen lauten hier beispielsweise:

- „Konzentriere ich mich auf die richtigen Kunden? - Und betreue ich sie auch angemessen?"
- „Verfüge ich über geeignete Instrumente der Kundenansprache? - Und setze ich sie in der Praxis richtig um?"
- „Brauchen wir ein CRM-System? - Über welche Leistungsmerkmale müsste es dann verfügen?"

Viele andere Beispiele sind hier denkbar. Sie können relativ schnell wesentliche Leitfragen für Ihren eigenen Arbeitsbereich entwickeln. Es geht immer um die Einschätzung: „Was tun wir - sind dies die richtigen Dinge?" - „Und wie tun wir es - setzen wir die Dinge richtig um?"

Ein weiterer wichtiger Aspekt des Leistungsgedankens liegt darin, dass Sie den *Abschluss* wollen - mit aller Kraft. Das heißt nicht, dass Sie mit der Brechstange arbeiten sollten, ganz im Gegenteil, denn Premium-Kunden reagieren auf Druck eher allergisch. Abschlussorientierung bedeutet vielmehr, dass Sie Ihre wesentliche Aufgabe darin sehen, Geschäfte kurz-, mittel- und langfristig unter Dach und Fach zu bringen - und zwar mit einer ansehnlichen Rendite. Bloße „Nice-to-meet-you-Gespräche" haben in unserer Zeit keinen Platz. Natürlich ist es wichtig, mit Kunden auch Smalltalk zu führen oder auf eine Tasse Kaffee bei ihnen vorbeizuschauen. Alles muss jedoch im Sinne angestrebter Geschäftserfolge geschehen.

Verpflichten Sie sich also dazu, konsequent Leistung zu zeigen und Ziele zu erreichen. Committen Sie sich rational und emotional konsequent auf dieses Leistungsprinzip und die Ziele, die Sie erreichen wollen. Konzentrieren Sie sich auf die Aufgaben, die Ihnen eine hohe Wertschöpfung bringen, und setzen Sie diese Aufgaben so professionell wie möglich um. Behalten Sie bei allem stets Ihr wichtigstes Ziel im Auge, auf Dauer wirtschaftliche Erfolge zu erreichen.

Kundenorientierung: einen „Dreisprung" machen

„Kundenorientierung" ist eine weitere wichtige Einstellung, über die Premium-Verkäufer unbedingt verfügen müssen. Was Kundenorientierung bedeutet, zieht sich durch unser ganzes Buch, deshalb begnügen wir uns hier mit ein paar wesentlichen Anmerkungen. Über dieses Thema ist auch schon sehr viel und zum Teil auch kompliziert geschrieben worden. Dabei ist es relativ einfach, den Kern einer kundenorientierten Einstellung zu erfassen. Wir brauchen uns dazu nur kurz anzusehen, was „sich orientieren" wörtlich bedeutet – „Meyers großes Taschenlexikon" gibt uns Auskunft. Drei der Bedeutungsaspekte, die hier genannt werden, sind für uns entscheidend:

1. eine Richtung suchen, sich zurechtfinden,
2. informieren, unterrichten,
3. nach etwas ausrichten.

Genau diese drei Aspekte sind grundlegend, um den Begriff „Kundenorientierung" inhaltlich zu erfassen. Sie stehen für drei aufeinanderfolgende Stufen auf dem Weg zu einem kundenorientierten Premium-Verkauf:

- *Eine Richtung suchen, sich zurechtfinden*: Erfolgreiche Kundenorientierung bedeutet, sich zuerst einmal die richtige – das heißt eine Erfolg versprechende – Kundenzielgruppe zu suchen. Wer ist für mich relevant? Wer bringt mich weiter? Dieser Schritt entspricht der klassischen Segmentierung eines Kundenfelds.
- *Informieren, unterrichten*: Wenn eine relevante Kundenzielgruppe definiert ist, besteht der zweite Schritt darin, sich so ausführlich, wie es geht, über diese Kunden zu informieren. Welchen Berufen gehen sie nach? Wie alt sind sie im Schnitt? Welchen Lebensstandard haben sie? Welche Anforderungen haben sie an die Produkte, die ich anbiete? Welche emotionalen Befindlichkeiten bewegen sie? Wichtig ist bei diesem Schritt, sich über die Kaufmotive der relevanten

Kunden klar zu werden. Wir hatten im ersten Kapitel bereits gesehen, dass gerade Premium-Kunden sehr viel Wert auf Werte legen und dass sie mehr als „Otto Normalverbraucher" die Möglichkeit haben, den vier Triebkräften - Erwerbstrieb, Bindungstrieb, Lerntrieb und Verteidigungstrieb - zu folgen, weil sie über die nötigen finanziellen Mittel verfügen.

- *Nach etwas ausrichten*: Wenn Sie Ihre Kunden in- und auswendig kennen, können Sie in einem dritten Schritt Ihr Denken und Handeln auf Ihre Kunden ausrichten. Ein paar Beispiele: Sie wissen, Premium-Kunden erwarten maximalen Support, dazu gehört dann, dass Sie ihre Wünsche erahnen und erfüllen, noch bevor sie ausgesprochen sind – erinnern Sie sich an die „Three Steps of Service" des Ritz Carlton: „Anticipation and compliance with guest needs". Premium-Kunden erwarten ein anspruchsvolles Wohlfühlambiente. Sie brauchen eine vertrauensvolle Beziehung zu ihren Ansprechpartnern, sie schätzen eine souveräne, persönliche Betreuung. Deshalb ist es wichtig, dass Sie Ihren Kunden einen Service bieten, der über das Gewohnte hinausgeht. Premium- Kunden erwarten zum einen Ihren maximalen Einsatz, zum anderen aber auch eine angemessene Distanz.

Kunden segmentieren - Wünsche und Bedürfnisse dieser Kunden analysieren - das eigene Denken und Handeln danach ausrichten: Mit diesem „Dreisprung" landen Sie sehr weit vorne, wenn es darum geht, Premium-Kunden erfolgreich zu beraten und zu begleiten.

Eine wichtige Anmerkung möchten wir hier noch machen: So mancher Verkäufer verwechselt Kundenorientierung mit Selbstaufgabe. Kunden erhalten dann jeden Nachlass, den sie wünschen. Sie werden umsorgt und gehätschelt, und es wird eine Menge in sie investiert, ohne nach Umsatz und Rendite zu fragen. Doch genau von dieser Frage sollten Sie sich bei aller

Kundenorientierung leiten lassen. Ihre wirtschaftlichen Interessen dürfen Sie nie aus den Augen verlieren. Verbinden Sie die Wünsche und Ziele Ihrer Kunden mit Ihren eigenen Zielen. Entwickeln Sie einen gemeinsamen Zielkorridor, durch den Sie Ihre Kunden führen – Sie wissen ja: Als Premium-Verkäufer müssen Sie echte Leadership beweisen.

Lassen Sie uns das Thema Kundenorientierung auch noch einmal aus einer etwas anderen Perspektive betrachten. In gewisser Hinsicht geht es im Verkauf darum, auch wenn es erst einmal etwas überzogen klingen mag, Kunden *glücklich* zu machen. Diese Idee ist pures Verkaufen. Dazu eine kurze Geschichte aus dem Munde von Yves Carcelles, Präsident der Nobelmarke Louis Vuitton, über seinen Chefdesigner Marc Jacobs. Es geht um Lederarmbänder von LV, in denen man eine kleine Botschaft verbergen kann. O-Ton Yves Carcelles: „Vor kurzem wurde Marc im Flugzeug von einer Frau angesprochen, die ihm erzählte, dass sie und ihr Mann für ihre einen Monat alte Tochter eines der Armbänder gekauft hätten. Und sie wollten ihr nun jedes Jahr ein anderes schenken – bis sie 18 Jahre alt ist. Aber in der Kollektion gebe es nur zwölf. Also fragten sie, ob Mr. Jacobs nicht bitte sechs weitere kreieren könne ... Marc fühlt sich verpflichtet. Er hat uns diese Geschichte sehr gerührt erzählt. Er macht gern Menschen glücklich."[44] In dieser Geschichte stecken zwei Botschaften, die sich jeder Verkäufer unter der Rubrik „Kundenorientierung" merken sollte:

- Ein guter Verkäufer fühlt sich den Wünschen seiner Kunden *verpflichtet*. Aus diesem Commitment entsteht ein Engagement, das auch anspruchsvollsten Kunden gerecht wird.
- Dieses Commitment darf nicht nur rational erfolgen, es muss eine tiefe *emotionale Basis* haben. Marc Jacobs war vom Wunsch des Ehepaares „gerührt" – weil er Menschen eben gerne „glücklich" macht.

Wir haben skizziert, über welches „Mindset" Sie verfügen sollten, um erfolgreich in der Welt des Premium-Verkaufs durchstarten zu können. Im Mittelpunkt standen dabei die Einstellungen Offenheit, Optimismus, Leadership, Leistungsorientierung und Kundenorientierung. Jede Einstellung haben wir kurz beschrieben. Als Führungskraft in eigener Sache ist es an Ihnen, das beschriebene Set relevanter Einstellungen zu erweitern und zu konkretisieren. Hier kommt es wieder auf Ihre ganz persönliche Situation an, auf die Kultur Ihres Unternehmens, auf die Produkte, die Sie anbieten, auf Ihre Kunden und auf Ihr individuelles Profil. Wichtig ist auf jeden Fall, dass Sie eine positive Einstellung zum Thema „Einstellung" gewinnen!

Stern 1: Einstellung
■ *Offenheit*: Begegnen Sie Ihren Kunden - und sich selbst - offen und unvoreingenommen. Wagen Sie einen frischen Blick auf die Welt des Premium-Verkaufs.
■ *Optimismus*: Denken Sie in Chancen, gehen Sie mit Problemen konstruktiv um.
■ *Leadership*: Führen Sie sich selbst, folgen Sie vor allem Ihren Stärken, arbeiten Sie, wo nötig, an Ihren Schwächen. Nehmen Sie als Führungskraft in eigener Sache Ihren Erfolg selbst in die Hand. Und führen Sie Ihren Kunden. Verstehen Sie sich und Ihren Kunden als Team, in dem Sie der Team-Leader sind.
■ *Leistungsorientierung*: Verpflichten Sie sich dazu, maximale Leistung zu zeigen. Konzentrieren Sie sich darauf, die richtigen Dinge richtig zu tun. Streben Sie stets - über kurz oder lang - den Abschluss an.
■ *Kundenorientierung*: Fokussieren Sie Ihr Engagement auf relevante Kunden. Lernen Sie diese so genau kennen, wie es geht. Richten Sie danach Ihr Denken und Handeln aus.

Stern 2: Wissen – werden Sie zum Connaisseur

Mit dem ersten „Stern" möchten wir Sie dazu anregen, Ihre Einstellungen durch ein Update auf den erforderlichen Stand zu bringen. Das richtige Mindset bringt Ihnen jedoch ohne den zweiten „Stern" wenig. Hier geht es um das Thema „Wissen". Premium-Verkäufer sind Wissensarbeiter. Auf die Gründe hatten wir im ersten Kapitel hingewiesen – noch einmal ganz kurz:

- Premium-Kunden sind bestens informiert: Luxus macht nur Spaß, wenn man sich auskennt!
- Und sie möchten immer mehr wissen: Ihr Lerntrieb macht sie neugierig auf Zahlen, Daten, Fakten.
- Zudem legen sie Wert darauf, genau darüber informiert zu werden, für welche Leistung, für welche Nutzenaspekte sie ihr hart verdientes Geld hinlegen.

Wissen ist also wichtig. Produktkenntnisse sind die Basis echter Professionalität. In vielen Fachbüchern und Magazinen lesen wir dennoch immer wieder Sätze wie die folgenden: Kunden interessieren sich nicht mehr für Produkteigenschaften. Produktwissen hat seine Zugkraft verloren. Kunden wollen nur noch Emotionen kaufen. Das alles lässt den Kunden als einen kopflosen Bauchmenschen erscheinen. Dies zu glauben ist jedoch ein großer Fehler. Sie und wir wissen es besser. Luxus macht schließlich nur Spaß, wenn man sich auskennt. Und der entscheidende Punkt: Gerade detailgenaue und differenzierende Produktinformationen verfügen über ein enormes *emotionales Potenzial*! Scheinbar schlichte Produktmerkmale sowie Funktionalität, Leistung, Emotionen und Preis-Leistungs-Verhältnis (die fünf Fragen, die sich Kunden vor einem Kauf stellen) sind auf das Engste miteinander verbunden, zumindest sollten sie dies sein.

Ein Unternehmen, das in diesem Sinne explizit und konsequent mit der handwerklichen und traditionellen Machart seiner Produkte und mit umfassendem warenkundlichen Wissen wirbt, ist der Versandhandel Manufactum. In dem üppigen Katalog des erfolgreichen Unternehmens finden wir „die guten Dinge" des Lebens - von Küchengeräten und Lampen über Füllhalter und Sakkos bis zu Lebensmitteln, Messern und vielem mehr. Jedes Produkt wird als „Kunst-Werk" vorgestellt. Dazu Thomas Hoof, der Gründer des Unternehmens: „Man merkt einem Ding auf Dauer an, ob es die heutige Quintessenz lang gewachsener Kunstfertigkeiten ist oder ob es auf einem Bruch damit beruht."[45] Tradition, Kunstfertigkeit und Qualität in engster Verbindung. Der Chef schreibt als echter „Story Teller" die Texte für seine Kataloge übrigens selbst - mit viel Liebe zum Detail. Und das liest sich so - vorgestellt wird ein schlichter Huthaken:

„Im Bergischen Land, einer alten Metallregion in Nordrhein-Westfalen, entstehen die folgenden Haken aus Messingguss. Ihre herausragende Qualität bezüglich Materialwahl und Verarbeitung ist auf den Einsatz im Schiffsbau zurückzuführen, wo es auf hohe Zuverlässigkeit unter aggressiven Einsatzbedingungen ankommt. Alle Teile werden nach dem Guss von Hand geschliffen und sandgestrahlt, was an geringfügigen Unterschieden ablesbar ist und die Güte des Herstellungsprozesses belegt. Schließlich werden die Oberflächen der Beschläge mit einer besonders haltbaren Oberflächenschutzschicht von 8 µm Nickel und 0,3 µm Chrom überzogen."[46]

So verlockend kann man einen Huthaken beschreiben. Bei Kunden, die hochwertige Qualität und Handwerkskunst zu schätzen wissen, muss das einen Bestellreflex auslösen! Diese Texte machen Lust auf die Produkte. Der wesentliche Erfolgsfaktor besteht darin, dass die Texte akribisch recherchierte *warenkundliche Informationen* liefern. In welchem Laden werden Sie so kundig und ausführlich beraten? Thomas Hoof kennt seine Kunden und er charakterisiert sie als „wissbegierig" und „anspruchsvoll in einem umfassenden kulturellen Sinn" - voilà, unsere Premium-Kunden![47] Er weiß, was sie wünschen, und er weiß, wie man sie anspricht. Dabei geht es nicht um großartig aufgeblasene Werbesprüche, im Gegenteil, es geht um die Konzentration auf die Perfektion und Faszinationskraft des Details – und dies gelingt auch bei einer einfachen Schere, wie ein Statement von Thomas Hoof verdeutlicht:

„Natürlich ist eine Schere in der Regel heute kein ernsthaft beanspruchtes Werkzeug mehr. Es wird damit nicht geschneidert, sondern allenfalls mal ein Geschenkband durchgeschnitten. Das erfordert natürlich nicht die Investition in eine richtige Schere als echtes Werkzeug. Trotzdem stellen wir eine gute Schere als ein physikalisch immer noch bewundernswert subtiles Gerät in einem eigenen Kapitel und in mehreren Varianten ausführlich vor. Sich an Klang und Gang einer perfekt gemachten Schere zu erfreuen – auch dann, wenn man nicht als Schneider stundenlang damit arbeitet –, dazu braucht man wahrscheinlich eine Art Sinnesfreude oder das Faible für etwas technisch richtig Gelungenes."[48]

Hier wird ein wichtiger Zusammenhang schlüssig auf den Punkt gebracht. Bei den technischen Details geht es niemals nur um diese selbst, es geht um die *„Sinnesfreude"*, die daraus resultiert, es geht um die Freude an technischer, werkstoffbezogener und handwerklicher Qualität. Das ist der springende Punkt. Viele Verkäufer machen jedoch den Fehler, dass sie auf die ausführliche Schilderung technischer oder produktezogener Details verzichten. Ihre Verkaufsargumentation ist dann so untauglich wie eine Plastikschere.

Nicht nur Huthaken und Scheren auch kostspielige Edelmarken werden mit Produktinformationen und Handwerkskunst beworben, wenn die Werbeprofis ihr eigenes Handwerk gut beherrschen. Ein ausgezeichnetes Beispiel dafür ist der Automobilkonzern VW, der in einer Anzeige mit folgenden Statements für den Phaeton wirbt:[49]

Manufaktur-Qualität ist wieder im Kommen.
Mit bis zu 250 km/h. Abgeregelt.

Kunstvolle Intarsien aus edlen Hölzern. Feinstes Nappaleder aus ausgewählten Traditionsbetrieben. Hochwertige Aluminiumteile, aus vollen Blöcken gefräst. Im Gegensatz zu seiner Beschleunigung sind seiner Exklusivität keine Grenzen gesetzt. Der Phaeton.

Werbung für den VW Phaeton: das gekonnte Zusammenspiel von Produktdetails und Exklusivität

Produktdetails werden hier kurz und gekonnt in dem Wert „Exklusivität" zusammengeführt! Wertarbeit und das kommunikative Arbeiten mit Werten gehören zusammen. Die emotionale Kraft, die von „bloßen" Produktmerkmalen ausgeht, macht auch folgendes Beispiel deutlich: Für den Juwelier Hellmut Wempe - er ist Deutschlands Pionier in Sachen „Luxus" und „Premium-Verkauf" - „übt die mechanische Uhr mit einem Werk aus Hunderten von Einzelteilen, mit vielen Komplikationen, Datenanzeigen, Mondstellungen und immer währendem Kalender eine enorme Faszination aus". Der Grund: „Auch wenn eine mechanische Uhr nie so genau geht wie eine Quarzuhr. Wir haben es bei der Uhr immer mit sehr vielen Gefühlen zu tun - der Liebe, der Freundschaft, der Zusammengehörigkeit, manchmal auch des schlechten Gewissens. Und die drückt man am besten mit Kleinodien der Handwerkskunst aus."[50] Hier wird die Liebe zum Produkt deutlich, eine Liebe, die nur der Kenner empfindet. An diesem Beispiel sehen wir auch, wie die Qualität eines Produkts - hier die Handwerkskunst - mit der Triebkraft „Bindungstrieb" verbunden ist: Liebe, Freundschaft und das Gefühl der Zusammengehörigkeit werden durch meisterlich gestaltete Produktmerkmale ausgedrückt. Und da sage einer noch einmal, Produktwissen sei trocken und greife zu kurz!

Wissen ist auch vor dem Hintergrund entscheidend, dass es immer wichtiger wird, nicht nur Produkte, sondern umfassende Lösungen zu verkaufen. Vor allem im Business-to-Business-Bereich ist mehr und mehr eine Expertise der Verkäufer gefragt, die weit über das bislang Gewohnte hinausgeht. Verkäufer müssen hier nicht nur ihre Produkte bestens kennen, sie müssen auch unternehmerische Anforderungen und Leistungsprozesse verstehen, um ihre Kunden so nutzenorientiert wie möglich zu beraten. Eine Druckerei kauft keine bloße Druckmaschine, sondern einen „Wertschöpfungsbaustein" im Rahmen eines komplexen Produktionssystems.

Warenwissen und das Denken in Lösungen ist auch ein Erfolgsfaktor, wenn es darum geht, Innovationen und neue Produktgenerationen zu verkaufen. Ein Beispiel: Wenn ein Sportartikelverkäufer von einem bestimmten Jogging-Schuh sowohl ein noch aktuelles Modell als auch das neue Modell anbietet – für einen Preis, der um 50 Euro über dem für den alten Schuh liegt –, dann muss er auch erklären können, *weshalb* das neue Modell teurer ist, was genau den höheren Preis rechtfertigt. Vielleicht hat der neue Schuh ein besseres Dämpfungssystem, das es dem Läufer erlaubt, auch mühelos über Asphalt zu joggen. Was immer es auch sein mag, der Verkäufer muss genau wissen, über welche neuen Produkteigenschaften der neue Schuh verfügt und zu welchem Nutzen dies für den Kunden führt. Produktmerkmale machen die Funktionalität plausibel, und diese untermauert den Kundennutzen und das Lösungspotenzial. Wenn ein Verkäufer nur sagen kann: „Der teurere Schuh ist eben neu", wird er das neue Modell kaum aus den Regalen bekommen. Wenn ein Software-Haus Programme für eine effiziente Personalverwaltung anbietet und regelmäßig neue Versionen entwickelt, dann müssen die Kundenberater ihren Ansprechpartnern schon sehr überzeugende Argumente bieten, warum sie die letzte Version, die noch nicht einmal sehr alt sein mag, besser gegen die jeweils neue Version austauschen sollten.

Setzen Sie also alles daran, zu einem echten *Connaisseur* zu werden, der auch die informiertesten Premium-Kunden mit seinem detailreichen Produktwissen faszinieren kann.

Stern 2: Wissen
■ Lernen Sie alles, was es über Ihr Angebot zu wissen gibt.
■ Informieren Sie sich bei jeder Innovation oder neuen Produktgeneration, wodurch sie sich von dem „Vorgängermodell" unterscheidet.
■ Lernen Sie die Faszinationskraft detaillierter Produktkenntnisse und warenkundlichen Know-hows kennen.
■ Machen Sie sich kundig, wie Produktmerkmale, Funktionalität und Kundennutzen miteinander verbunden sind.

Stern 3: Emotionen – ein Gefühl für Gefühle haben

Nachdem es auf den letzten Seiten um „Wissen" ging, geht es beim dritten „Stern" darum, wie Sie gekonnt und gezielt mit Emotionen umgehen. Diese Kompetenz ist sehr wichtig, denn, wie wir im ersten Kapitel gelernt haben: Der Verstand macht lediglich Vorschläge, und die Emotionen treffen als „Chef im Oberstübchen" die eigentlichen Entscheidungen, auch die Entscheidung, ob ein Produkt gekauft wird oder nicht. Zudem sind gerade Premium-Kunden als Ärzte, Anwälte, Freiberufler, Führungskräfte und Unternehmer - in der Regel sehr versiert im Umgang mit Gefühlen. Und sie legen Wert auf ein emotional „bewegendes" Kauferlebnis oder Beratungsgespräch. Für Premium-Verkäufer ist es also wichtig, ein bewusstes Gefühl für Gefühle zu entwickeln - für die des Kunden und für die eigenen. Diese Fähigkeit, bewusst mit Gefühlen umzugehen, wird im Allgemeinen als „emotionale Intelligenz" bezeichnet. Für die Wirtschaft hat kaum ein anderer diesen Begriff so nutzbar gemacht wie Daniel Goleman - mittlerweile weltbekannter Psychologe und Bestsellerautor. Er ist unter anderem der Frage nachgegangen, was in Unternehmen die Spitzenleute von den weniger Guten unterscheidet. Dazu hat er eine größere Zahl an Studien ausgewertet. Sein Ergebnis:

„Beim Sichten dieser Daten habe ich herausgefunden, dass es ein Übergewicht an besonderen Fähigkeiten gibt, die die Besten von den Schlechtesten unterscheiden. Dazu gehört zum Beispiel die Fähigkeit, irritierende Gefühle unter Kontrolle zu halten; es nicht zuzulassen, dass sie die eigene Funktionsfähigkeit beeinträchtigen. Dazu gehört auch das Einfühlungsvermögen; die Fähigkeit, sich in die Gefühle anderer hineinzuversetzen und die Dinge aus ihrer Perspektive zu sehen. Oder Teamfähigkeit. All das basiert auf emotionaler Intelligenz."[51]

Im ersten Kapitel haben wir bereits darauf hingewiesen, dass es bei einem rationalen Umgang mit Gefühlen für den Verkäufer letzten Endes darum geht, sein *„soziales Kapital"* zu mehren. Wichtige Aktivposten dieses wertvollen Vermögens sind vor allem das *Vertrauen* und die *Sympathie*, die Kunden einem Verkäufer entgegenbringen. Beide bilden *„soziales"* Kapital, weil sie die zwischenmenschliche Beziehung zwischen Kunden und Verkäufer entscheidend prägen, und sie stellen „Kapital" dar, weil ihre Qualität den *Wert* der Kunden-Verkäufer-Beziehung mit bestimmt. Dieser Wert findet seinen messbaren Ausdruck in einer höheren Kundengewinnungsrate, in einer stärkeren Kundenbindung, in einer höheren Abschlussquote und einer besseren Umsatzrendite.

Bei dem erforderlichen Gefühlsmanagement führen Sie vier Schritte zum Erfolg:

1. Es geht darum, die eigenen Gefühle bewusst wahrzunehmen.
2. Als negativ „diagnostizierte" Gefühle müssen kontrolliert werden.
3. Es ist wichtig, die Gefühle des Kunden einzuschätzen.
4. Es kommt darauf an, die Gefühle des Kunden so zu steuern, dass er Ihnen als Verkäufer vor allem „Vertrauen" und „Sympathie" schenkt.

Wie wir bereits sagten: Wir können unsere Ansprechpartner nie völlig „verstehen", vor allem, wenn es um Gefühle geht. Es kann uns jedoch gelingen, eine „Sphäre des Verstehens" aufzubauen und für ein konstruktives emotionales Klima und ein harmonisches Miteinander zu sorgen. Dennoch, und dies ist uns sehr wichtig: Wenn es darum geht, Gefühle wahrzunehmen, zu bewerten und zu steuern - ob es die eigenen sind und vor allem, wenn es um die anderer Menschen geht -, brauchen wir viel Lebenserfahrung und Menschenkenntnis. In diesem Buch können wir Ihnen deshalb „nur" die allgemeine Marschrichtung andeuten. Den Weg zu einer ausgeprägten emotionalen Intelligenz müssen Sie selbst gehen. Als „Leader“ in eigener Sache gehört es zu Ihren Aufgaben, dass Sie sich gerade in diesem Bereich Entwicklungsziele setzen und beständig an sich arbeiten und Erfahrungen sammeln.

Die eigenen Gefühle wahrnehmen

Als erstes geht es also darum, die *eigenen Gefühle* bewusst wahrzunehmen. Dieser Schritt ist nicht so selbstverständlich, wie er auf den ersten Blick erscheint. Denn in der Regel erleben wir unsere Gefühle eher unbewusst. Doch es ist gerade für Sie als Verkäufer entscheidend wichtig, sich Ihrer Gefühle bewusst zu werden, denn sie setzen zum einen den *Rahmen*, in dem Sie Ihre Umwelt und Ihre Ansprechpartner wahrnehmen.

Ein Beispiel: Sie stehen morgens mit dem linken Fuß auf. Zum Frühstücken bleibt keine Zeit mehr. Sie wissen: Ohne jeden Zweifel werden Sie im dicksten Berufsverkehr landen - und genau so kommt es dann auch. Kurz bevor Sie bei Ihrem Kunden sind, fällt Ihnen ein, dass Sie Ihre Präsentationsunterlagen zu Hause vergessen haben. Es gibt eben Tage, da geht einfach alles schief. Und das eigentlich Fatale: Bei Ihrem Kunden landen Sie mit einer richtig miesen Stimmung. Sie finden gleich, dass er Sie etwas freundlicher hätte begrüßen können. Zudem mussten Sie zuerst einmal eine Viertelstunde warten - Unverschämtheit! Ihre negative Gefühlslage sorgt dafür, dass Sie die Situation und vor allem Ihren Kunden negativ wahrnehmen.

Zum anderen ist es wichtig, sich seine negativen Gefühle bewusst zu machen, weil wir damit in einer „*Kettenreaktion*“ dafür sorgen, dass uns unsere Ansprechpartner negativ wahrnehmen. Setzen wir das Beispiel von oben fort: Natürlich wollen Sie Ihren Kunden spüren lassen, dass auch Sie jemand sind - soll er doch mal sehen! Sie geben ihm mürrische, knappe Antworten und machen ein Gesicht wie drei Tage Regenwetter. Er wird Ihr Verhalten wenig schätzten und Sie dann - völlig zu Recht -

wenig freundlich behandeln und so weiter. Um derartige Negativketten zu vermeiden, müssen Sie sich Ihrer Stimmung bewusst werden: „Heute bin ich schlecht drauf, das muss sich schnellstens ändern." Solche Gedanken gilt es innerlich deutlich auszusprechen. Dabei sind Ihre Offenheit - eine Ihrer erforderlichen Einstellungen - und Ihre Ehrlichkeit sich selbst gegenüber gefragt: Selbsterkenntnis ist immer noch der erste Schritt zur Besserung. Wir haben die Erfahrung gemacht, dass vor allem die folgenden destruktiven Gefühle beim Umgang mit Premium-Kunden eine entscheidende Rolle spielen. Bitte beachten Sie, dass es zum einen natürlich noch viele andere Gefühle und Stimmungen gibt - und dass sich die einzelnen Gefühle noch weitaus differenzierter beschreiben lassen. Uns geht es hier jedoch darum, Sie für allgemeine negative „Grundstimmungen" zu sensibilisieren, die sich vor allem im Bereich des Premium-Verkaufs zeigen. Hier beschreiben wir die Gefühle kurz, anschließend skizzieren wir, wie Sie am besten damit umgehen:

- *Angst*: Vor allem Verkäufer, die sich noch nicht lange im Premium-Bereich engagieren, haben einfach Angst, mit ihren Kunden umzugehen. Diese Angst kann mehr oder weniger intensiv sein. Sie kann von leichten Zweifeln bis hin zu richtigem Muffesausen reichen. „Bin ich überhaupt dazu in der Lage, hochwertige Luxuslimousinen an gut betuchte Manager, Anwälte und Ärzte zu verkaufen? Wie soll ich mich denen gegenüber bloß richtig verhalten?"
- *Gereiztheit*: Auch eine gewisse Gereiztheit findet sich bei mehr Verkäufern im Top-Segment, als man meinen sollte. Sie reicht von einem „Hintergrundrauschen" bis hin zu richtigem Zorn. „Dieser reiche Schnösel, von Beruf Sohn und macht hier den Macker - nicht mit mir!" Dieses Gefühl kann, je nach Auslöser, vor oder während eines Gesprächs auftreten. Deshalb ist gerade hier ein ständiges „Gefühls-Monitoring" wichtig.

- *Frustration*: Viele Verkäufer lassen sich durch Misserfolgserlebnisse herunterziehen. Doch gerade im Premium-Segment ist es völlig normal, wenn Kunden „Nein" sagen, wenn sie sich für eine Kaufentscheidung richtig viel Zeit lassen oder wenn der Laden einmal über eine gewisse Zeit nicht so richtig läuft. Teure Produkte wandern eben nicht wie Brötchen über den Ladentisch. Nicht selten spüren Verkäufer dann jedoch eine Menge Frust. „Kaufen die Kunden bei anderen deutlich mehr als bei mir? Mache ich grundsätzlich etwas falsch? Ist mein Engagement völlig umsonst?" Mit solchen Zweifeln und Frust im Gemüt kann man mit Sicherheit nicht, wie es notwendig wäre, selbstbewusst und souverän auftreten.
- *Hektik*: Premium-Kunden verlangen eine Menge. Sie erwarten von ihren Ansprechpartnern, dass sie sich bestens mit ihren Produkten auskennen. Sie fordern maßgeschneiderte, professionelle Lösungen. Sie wünschen insgesamt einen maximalen Support auf höchstem Niveau. Da kann man als Verkäufer schon ins Schwitzen kommen. Stress und Hektik machen sich breit. „Habe ich alle wichtigen Fakten genannt? Ist meine Lösung auch wirklich überzeugend? Komme ich bei meinem Ansprechpartner wirklich gut an?" Auch das Gefühl, unter Druck zu stehen, führt nicht zu einem überzeugenden Auftreten.
- *Lustlosigkeit*: Das Gefühl der Lustlosigkeit ist in der Regel ein schleichendes Gift. Meistens entwickelt sich die Lustlosigkeit über einen längeren Zeitraum. Deshalb ist es besonders schwer, sie rechtzeitig wahrzunehmen. „Schon wieder ein Kundengespräch, na ja, muss halt sein." Natürlich hat jeder von uns so seine Tage, an denen er wirklich keine rechte Power hat, das ist normal. Doch wenn wir unseren Kunden in die Augen sehen, dürfen sie darin auch nicht den geringsten Funken von Unlust entdecken.

- *Euphorie*: Dieses Gefühl wird von so manchem Verkäufer als positiv und erstrebenswert betrachtet. Wir sehen in ihm jedoch, genauso wie in den bereits genannten negativen Gefühlen einen Bremsklotz auf dem Weg zum Erfolg. Und zwar ganz einfach deshalb, weil auch Euphorie und Hochstimmung die Wahrnehmung verzerren. Wenn jemand emotional wie unter „Speed" steht, verliert er den klaren Blick auf die Verkaufssituation. Zudem nimmt er sein Gegenüber in einem oft zu positiven Licht wahr. „Super, das läuft ja spitze. Bin ich gut drauf. Mein Angebot schlägt bestimmt so richtig ein. Der Kunde ist ja richtig begeistert!" Und dann fällt der Verkäufer aus allen Wolken, wenn der Kunde dankend ablehnt.

Jedes dieser Gefühle wirkt sich negativ auf Ihre Verkaufserfolge aus. Beobachten Sie sich deshalb vor jedem Gespräch genau. Machen Sie sich auch während eines Kundentermins oder einer Präsentation bewusst, in welcher Stimmung Sie aktuell sind.

Die eigenen Gefühle kontrollieren

Wenn Sie sich Ihre Gefühle bewusst gemacht haben, können Sie in einem zweiten Schritt einen Stimmungswechsel herbeiführen. Wie gesagt: Ihr Ziel soll es dabei nicht sein, sich künstlich in eine euphorische Hochstimmung zu pushen - vergessen Sie bitte alles, was Sie dazu von in der Regel selbst ernannten „Motivationsgurus" gehört oder gelesen haben. Ihr Ziel sollte darin bestehen, in eine offene, aufmerksame und gelassene Stimmung zu kommen.

Zuerst zu ein paar allgemeinen Punkten in Sachen „Gefühlsmanagement". Gefühle sind - eigentlich - selbstverständlich. Genauso selbstverständlich werden sie jedoch von den meisten von uns vernachlässigt. Deshalb dazu ein paar kurze Worte: Ihre Gefühle können Sie vor allem dadurch positiv beeinflussen - von einer konkreten Situation jetzt einmal abgesehen -, dass Sie sich grundsätzlich in eine positive Stimmung und ausgeglichene Gefühlslage versetzen. Dies erreichen Sie, indem Sie Stress und Spannungen abbauen und ein positives Körpergefühl und mentale Power aufbauen. Hier geht es um ganz einfache Dinge, die immer mehr auch von Spitzenpolitikern und Top-Managern beachtet werden. Treiben Sie zum Beispiel regelmäßig Sport, es reicht, wenn Sie zwei- bis dreimal in der Woche leicht joggen oder walken, etwas strammer spazieren, Rad fahren, schwimmen oder etwas anderes tun, das Ihren Kreislauf und Ihre Gedanken in Schwung bringt. Wichtig ist auch, dass Sie versuchen, Ihr Gewicht (wohl wahr) in den Griff zu kriegen, auch das trägt, neben Bewegung, zu einem gesteigerten Wohlbefinden und einem ausgeglichenen Gemüt bei. Stress und emotionale Verspannungen können Sie auch abbauen, indem Sie regelmäßig abschalten, Musik hören, ein paar Seiten in einem Buch lesen oder einem schönen Tagtraum nachhängen. Hier wissen Sie selbst am besten, was Sie so richtig entspannt.

Soweit und so kurz zu den grundlegenden Maßnahmen, die Sie leicht ergreifen können und die insgesamt sehr positiv auf Ihre Gefühle und Stimmungen wirken. Sie stärken Ihre emotionale Basis und Belastbarkeit. Natürlich gibt es jedoch immer wieder konkrete Situationen, in denen wir emotional angespannt sind, in denen uns, wie oben beschrieben, negative Gefühle im Weg stehen. Doch auch damit können wir konstruktiv umgehen. Gehen wir die genannten Gefühle noch einmal durch:

- *Angst*: Wenn Sie regelmäßig vor einem Kundenkontakt Angst haben oder unsicher sind, sollten Sie vor allem daran arbeiten, Ihr Know-how zu optimieren. Machen Sie aus sich einen Connaisseur, der auch den wissensdurstigsten Kunden souverän mit ausführlichen Fakten fasziniert. Denken Sie an die Story „Die Kaltakquise als Meisterstück“: Hier geht es darum, Kunden durch kompetentes Auftreten neugierig zu machen und zu gewinnen. Kompetenz macht sicher! Trainieren Sie auch Ihre Fähigkeit, individuelle Lösungen zu entwickeln und insgesamt ein erstklassiger Profi zu werden. Wichtig ist auch, dass Sie sich beim leisesten Anflug von Unsicherheit klar machen, dass Sie etwas können. Als Verkäufer im Top-Segment sind Sie schließlich ein hochqualifizierter Wissensarbeiter!

- *Gereiztheit*: Wenn Sie gereizt, sauer oder wütend sind, sollten Sie sich klar machen, was dafür der Grund ist. Liegt es wirklich am Kunden, dass Sie vor einem Gespräch genervt oder sogar auf „180“ sind; oder hat Ihre miese Laune vielleicht ganz andere Gründe, die nichts mit Ihrem Ansprechpartner zu tun haben? Wenn Sie die eigentlichen Gründe Ihrer Gereiztheit klar benennen, ist dies mehr als die halbe Miete. Machen Sie sich dann bewusst, dass Ihnen diese Gefühle schaden und dass sie nichts bei Ihrem Kundentermin zu suchen haben. Ein einfacher und vielleicht gerade deshalb wirkungsvoller Tipp: Denken Sie an etwas Schönes – an Ihren letzten Urlaub oder an das nächste Wochenende mit Ihren Lieben; gewinnen Sie einfach ein wenig Distanz zu Ihrer emotionalen „Übersäuerung“.

Vielleicht hat Ihre negative Stimmung jedoch durchaus etwas mit Ihren Kunden zu tun. Sie empfinden sie als nervig, überkritisch und übertrieben anspruchsvoll. Oder ihnen gefällt einfach der Ton nicht, mit dem Sie einer Ihrer Kunden das letzte Mal wieder nach Hause geschickt hat. Hier haben Sie drei Möglichkeiten:

1. Bedenken Sie, dass die Laune Ihres Kunden eine Reaktion auf Ihre eigene negative Stimmung sein kann – die zuvor beschriebene Kettenreaktion negativer Gefühle.

2. Vergegenwärtigen Sie sich auch, dass das Auftreten Ihres Kunden eventuell nichts mit Ihnen zu tun hat, sondern völlig andere Gründe hat – etwa Ärger im Job oder private Sorgen.

3. Vielleicht verhält sich Ihr Kunde tatsächlich „ungerecht“ – auch Premium-Kunden sind nicht immer voll auf Draht. Wenn schon Ihr Kunde nicht souverän ist – Sie

sollten es bleiben! Ob Ihr Kunde sich ein besonderes Recht herausnimmt oder schlechte Laune an den Tag legt: Bleiben Sie Herr des Geschehens. Hier hilft Ihnen auch die Einstellung, kundenorientiert zu denken und zu handeln.

- *Frustration*: Wenn Sie hochwertiges Schreibgerät oder erlesene Antiquitäten verkaufen, wird bei Ihnen nicht jeden Tag die Kasse klingeln. Machen Sie sich klar, dass es völlig normal ist, wenn sich Kunden nicht gleich entscheiden wollen, wenn sie vor einem Abschluss einen hohen Beratungsbedarf haben oder wenn sie in Sachen Sonderwünsche eine erstaunliche Kreativität an den Tag legen. Wenn ein Kunde dann doch lieber von einem Kauf oder einem Verkaufsabschluss absieht, dann freuen Sie sich eben auf den nächsten. Als Premium-Verkäufer verfügen Sie schließlich über eine optimistische Einstellung und können in Chancen denken. Wichtig ist auch, dass Sie ein „Nein" niemals persönlich nehmen. Wenn Sie gut vorbereitet sind, Ihren Job sicher beherrschen und sich insgesamt professionell verhalten, wird der Kunde schon seine Gründe haben, warum er sich zu einem „Ja" nicht durchringen kann, und dies sollten Sie einfach akzeptieren und dem Frust so die kalte Schulter zeigen. Wenn sich Frust bei Ihnen bemerkbar macht, kommt auch Ihr fester Wille, konsequent am Ball zu bleiben, zum Tragen. Willenskraft haben wir ja bereits als wichtigen Aspekt einer leistungsorientierten Einstellung kennen gelernt, wie sie jeder Top-Verkäufer an den Tag legen sollte.
- *Hektik*: Nervosität, Aktionismus und Hektik stehen Ihren Verkaufsabsichten extrem im Weg. Gerade Premium-Kunden schätzen eine entspannte Atmosphäre und ein ruhiges, harmonisches Beratungs- oder Verkaufsgespräch. Bereiten Sie sich deshalb auf jeden Termin sehr gut vor. Konzentrieren Sie sich auf *wenige,* aber *wichtige* Dinge. Fokussieren Sie sich auf die relevanten Fragen – und tun Sie dies dafür umso professioneller. Nur wenn Sie die *richtigen* Dinge *richtig*

tun, können Sie produktiv sein. Wenn Sie mit einem Kunden einen Präsentationstermin vereinbart haben, sollten Sie nicht dem Ehrgeiz verfallen, Ihr ganzes Wissen in einer Viertelstunde vor ihm auszubreiten. Feuchte Hände würden dann nicht ausbleiben, die gewünschte Ruhe würde hektischem Aktionismus weichen. Strukturieren Sie Ihren Termin klar und sachlich, steigen Sie in das Gespräch in aller Ruhe ein und konzentrieren Sie sich auf das Wesentliche. Führen Sie Ihren Kunden als Team-Leader aufmerksam und klar durch das Gespräch. (Welcher Dramaturgie Sie hier folgen sollten, beschreiben wir nachher noch ausführlicher.)

- *Lustlosigkeit*: Ein Gefühl, das oft tiefgreifendere Ursachen hat, ist die Lustlosigkeit. Wenn sie eine anhaltende Grundstimmung ist, muss auch grundlegend daran gearbeitet werden. Wenn Sie jedoch vor einem bestimmten Termin von einem gewissen Mangel an Lust und Laune niedergedrückt werden, können Sie sich relativ einfach und schnell wieder aufrichten. Überlegen Sie dazu, welche positiven Ergebnisse Sie in dem anstehenden Gespräch erzielen können - vielleicht gewinnen Sie einen neuen Kunden, möglicherweise können Sie direkt ein Geschäft abschließen, eventuell erfahren Sie von Ihrem Ansprechpartner interessante Dinge, die Sie gut verwerten können. Und: Denken Sie immer daran, dass Ihr Ziel nicht „Spaß und Freude" heißt, sondern „Umsatz und Gewinn". Ganz einfach, schließlich folgen Sie als Premium-Verkäufer dem Leistungsprinzip. Wenn ein Kontakt dann auch noch für gute Laune sorgt, umso besser. Muss aber nicht sein. Hier sind Ihre volle Professionalität und wieder Ihre Willenskraft gefragt. Sie erinnern sich: Im Gegensatz zur Motivation, die auch einmal wegbrechen kann, trägt Sie Ihr Wille auch über Durststrecken und Lustlücken hinweg.
- *Euphorie*: Wenn Sie vor einem Kundenkontakt eine euphorische Hochstimmung bei sich „diagnostizieren", ist ebenfalls Vorsicht und Handlungsbedarf angesagt. Denn durch emo-

tionale Höhenflüge verlieren viele wichtige Details an Bedeutung, alles verschwimmt zu einem weichgezeichneten harmonischen Gesamteindruck. Dieser Eindruck kann jedoch fatal sein. Ihr scheinbar so freundlicher Kunde wickelt Sie wahrscheinlich genau dann um den Finger. Nehmen Sie deshalb etwas „mentalen Ballast" auf, bevor Sie abheben: Machen Sie sich klar, dass Sie ein gutes Stück Arbeit vor sich haben und dass Ihnen so manche Herausforderung begegnen kann. Ihre Devise sollte hier lauten: Nicht Euphorie an den Tag legen, sondern professionelle Freundlichkeit. Diesen Gedanken bringen auch die Serviceprofis des Ritz Carlton in einem Leitsatz wieder gekonnt auf den Punkt: *„Smile, we are on stage!"*

Soviel zum gezielten Umgang mit den eigenen Gefühlen. Um es noch einmal deutlich zu sagen: Unsere Emotionen sind sehr komplex. Hier können wir sie nur fragmentarisch und allgemein thematisieren. Wir möchten Ihnen auch keinen psychologischen Leitfaden an die Hand geben. Uns geht es in erster Linie darum, Sie auf die Problematik einzustimmen. Seien Sie offen für Ihre Gefühle, erkunden Sie, welche Emotionen Ihnen persönlich auf dem Weg zum Erfolg im Weg stehen und lernen Sie, genau diese Gefühle aktiv zu kontrollieren.

Die Gefühle des Kunden wahrnehmen

Kommen wir jetzt zum dritten Schritt eines verkaufsaktiven Gefühlsmanagements: Damit Sie Ihre Kunden erfolgreich beraten können, müssen Sie auch *deren aktuellen Gefühlsstatus* ausloten. Ein entspannter Kunde erfordert von Ihnen ein anderes Auftreten als ein gestresster, ein fröhlicher ein anderes als ein bedrückter, ein distanzierter Ansprechpartner erfordert eine andere Ansprache als ein vertrauensvoller. Dies ist keine leichte Übung. Menschen angemessen einschätzen zu können, erfordert - wie gesagt - Menschenkenntnis und viel Erfahrung. Dennoch gibt es ein paar Hinweise, die Ihnen helfen können. Denn Informationen über die Gefühlslage Ihres Ansprechpartners erhalten Sie über mehrere „nonverbale Kanäle". Hören wir dazu einen Sozialpsychologen: „Gefühle ... drücken sich stärker in der Körpersprache, der Stimme und in vegetativen Reaktionen aus. Ein Gesprächspartner, der sich in seinen Gefühlen verstanden fühlt, ist leichter zu überzeugen. Die komplexe Natur der Gefühle führt dazu, dass wir die Gefühle unseres Gesprächspartners immer nur annäherungsweise erfassen können. Die bewusste Konzentration nicht nur auf den gesprochenen Inhalt, sondern auch auf die mitgeteilten Gefühle führen jedoch zu einem tieferen Verständnis und zu einer besseren Kommunikation."[52] Vor dem Hintergrund der „komplexen Natur der Gefühle" wollen wir hier Ihre Aufmerksamkeit lediglich auf die wichtigsten „Gefühlsindikatoren" lenken, ohne sie ausführlicher zu analysieren. Mobilisieren Sie hier Ihren eigenen Lerntrieb - am besten in der Praxis!

- *Gesichtsausdruck*: Die beste Auskunft über die Gefühle Ihres Gegenüber bietet Ihnen seine Mimik. Bereits ein kurzer Blick in das Gesicht eines anderen Menschen gibt uns einen bestimmten Eindruck, mit dem wir in der Regel nicht ganz falsch liegen. Schauen Sie die Mimik Ihres Kunden deshalb sehr genau und gleich beim Begrüßen an: Lächelt er? Wirkt das Lächeln echt - oder sagen die Augen etwas anderes? Im Allgemeinen erkennen Sie, ob Ihr Ansprechpartner eher gut gelaunt oder schlecht drauf ist, ob er ausgeglichen oder nervös ist, ob er gereizt oder freundlich ist, ob er Ihnen vertraut oder eher misstraut.
- *Gestik*: Auch die Gestik kann Ihnen gewisse emotionale Tendenzen verraten. Wirken die Bewegungen Ihres Ansprechpartners eher fahrig oder eher konzentriert? Gestikuliert er sehr reduziert und zurückhaltend oder drückt jede Handbewegung Souveränität und Selbstbewusstsein aus? Achten Sie auch darauf, ob die Gestik den Botschaften der Mimik entspricht. Ein Kunde, der Sie konzentriert ansieht, sich jedoch zurückhaltend bewegt, ist bestimmt nicht von

Selbstzweifeln geplagt, wie der bloße Blick auf die Gestik vermuten lassen würde.

- *Haltung*: Die Körperhaltung, ob im Sitzen oder Stehen, ist ebenfalls sehr aufschlussreich für unsere Zwecke. In der Regel können Sie davon ausgehen, dass ein Kunde, der Ihnen mit einer aufrechten Haltung gegenübertritt, selbstbewusst und dynamisch ist; wenn er jedoch mit rundem Rücken und hängenden Schultern vor Ihnen sitzt, ist er mit Sicherheit weniger gut drauf. Auch hier gilt: Genießen Sie die Botschaften der Körperhaltung mit Vorsicht. Nutzen Sie sie, um sich grob zu orientieren, bewerten Sie jedoch kein Signal zu stark.
- *Stimme*: Es ist nicht nur wichtig, *was* wir sagen, sondern auch, *wie* wir es sagen. Hier spielen die unterschiedlichen Qualitäten der Stimme eine wichtige Rolle. Spricht Ihr Kunde mit einer tiefen und ruhigen Stimme, ist er vermutlich entspannt und selbstsicher. Wirkt die Stimme für seine Person einen Tick zu hoch, und wird der Redefluss immer wieder durch vernehmbares Atmen unterbrochen, befindet sich Ihr Gegenüber im Stress. Spricht Ihr Kunde unverhältnismäßig schnell, bringt er Ihnen vielleicht noch nicht das Vertrauen entgegen wie ein Kunde, der ruhig und entspannt mit Ihnen plaudert.
- *Vegetative Reaktionen*: Gefühle zeigen sich auch in der Farbe der Haut. Eine blasse Gesichtsfarbe weist auf Stress hin, wenn Sie dann noch feuchte Hände bei Ihrem Ansprechpartner bemerken, ist er wahrscheinlich angespannter, als es für ein offenes und vertrauensvolles Gespräch gut wäre.

Diese kurzen Hinweise mögen genügen. Wir möchten Ihre Aufmerksamkeit hier nur auf die Problematik lenken. Schulen Sie Ihren Blick hier selbst aktiv weiter, und nutzen Sie die nonverbalen Botschaften Ihrer Kunden, um ihre aktuelle Gefühlslage besser einschätzen zu können. Betrachten Sie entsprechende Einschätzungen jedoch stets als Arbeitshypothese.

Die Gefühle des Kunden kontrollieren

Die nonverbalen Signale Ihrer Kunden geben Ihnen Hinweise über deren aktuelle Gefühlslage. Wenn es darum geht, die Gefühle Ihrer Kunden in einem nächsten Schritt gezielt zu steuern, soweit dies in einem Gespräch möglich ist, möchten wir uns hier auf zwei Gefühle konzentrieren, die im Rahmen des Premium-Verkaufs besonders wichtig sind. Sie haben sie bereits als wichtiges soziales Kapital im Umgang mit Ihren Kunden kennen gelernt: Es geht uns hier um *Vertrauen* und *Sympathie*. Wenn Mimik, Gestik und andere nonverbale Signale darauf hinweisen, dass Ihre Kunden Ihnen noch nicht ganz vertrauen oder Sie mit einer zu großen persönlichen Distanz betrachten, besteht Handlungsbedarf. Ihr Ziel sollte dann darin bestehen, aktiv Vertrauen und Sympathie aufzubauen. Beide Gefühle entwickeln sich natürlich idealerweise über eine längere Zeit hinweg, grundsätzlich ist stets eine andauernde Vertrauensarbeit und ein anhaltendes gewinnendes Auftreten gefragt. Uns geht es hier jedoch nicht um ein langfristiges Beziehungsmanagement, sondern im Rahmen dieses Kapitels um die konkrete Situation, in der Sie Ihren Kunden gegenübertreten und mit ihnen reden, sie beraten oder vor ihnen präsentieren. Und wieder möchten wir es hier dabei belassen, für Sie erste Orientierungspunkte zu setzen. Beide Gefühle, Sympathie und Vertrauen, thematisieren wir ergänzend noch an einigen anderen Stellen in diesem Buch.

- *Vertrauen*: Ein wichtiges Gefühl, das Ihre Kunden Ihnen entgegenbringen sollten, ist das des Vertrauens. Und bereits in der Kommunikation können Sie für eine gewisse Vertrauensbasis sorgen. Reden Sie Ihre Kunden beispielsweise immer mit ihrem Namen an. Diesen Grundsatz hat das „Ritz Carlton" wie beschrieben sogar in einer Serviceleitlinie fixiert. Sie erinnern sich: „A warm and sincere greeting. Use the guest name, if and when possible." Und: „Fond farewell. Give them a warm good-bye and use their names, if and when possible." Fragen Sie Ihre Kunden also stets nach ihrem Namen, reden Sie sie damit konsequent an, und nennen Sie auch Ihren Namen. Ein weiterer wichtiger Punkt: Vertrauen erfordert Nähe. Viele Verkäufer verbergen sich jedoch hinter einem abstrakten „wir". „Wir merken Sie für eine Hausbesichtigung vor." Wer merkt hier vor, wer kümmert sich genau darum, hat der Kundenberater damit nichts zu tun? Sagen Sie besser: „Ich merke Sie gerne für eine Hausbesichtigung vor, Frau Fischer." Das klingt doch ganz anders! Bereits durch diese kleinen Maßnahmen bauen Sie eine vertrauensvolle Brücke zu Ihrem Kunden. Wenn Ihr Kunde Ihnen also nonverbal noch etwas Zurückhaltung oder Misstrauen signalisiert, dann setzen Sie diese vertrauensstiftenden Mittel konsequent ein.

Wichtig ist auch, dass Sie sich akribisch an Abmachungen und Vereinbarungen halten. Wenn sich Ihr Kunde für 9 Uhr 15 zu einer Business-Präsentation angemeldet hat, dann seien Sie auch genau dann für ihn da. Wenn Sie am Telefon einem misstrauisch klingenden Kunden versprochen haben, bestimmte Produktinformationen bis zum nächsten Gespräch zu besorgen, dann legen Sie ihm diese unaufgefordert vor. Lockern Sie skeptisch scheinende Kunden durch solche Beweise Ihrer Verlässlichkeit auf.

Das Vertrauen, das Kunden in Sie haben, hat übrigens immer zwei Seiten: das Vertrauen in Sie als *Mensch* und das Vertrauen in Sie als *Verkäufer* (wenn wir diese Unterscheidung hier vornehmen dürfen). Während Verlässlichkeit und Zuverlässigkeit Sie als Menschen vertrauensvoll erscheinen lassen, sorgen Sie in Ihrer „Rolle" als Verkäufer für Vertrauen, wenn Sie als kompetenter Fachmann auftreten. Wenn die Mimik Ihres Kunden Misstrauen signalisiert, dann wischen Sie es durch eine professionelle Präsentation zur Seite! Vertrauen braucht Beweise.

- *Sympathie*: Wenn Sie das Gefühl haben, Ihr Kunde ist noch zu reserviert - Sie bemerken etwa, dass er seine Arme übereinandergeschlagen hat und Sie unter leicht zusammengezogenen Augenbrauen ansieht -, sollten Sie besonders darauf achten, dass Sie das Eis mit einer Sympathieoffensive brechen. Das unschlagbare Erfolgsrezept heißt hier ganz einfach: *Lächeln*. Schauen Sie Ihren Kunden direkt in die Augen und lächeln Sie ihn an - dezent aber dennoch deutlich. Bewahren Sie sich dieses Lächeln, auch wenn Sie sprechen. Ihre Stimme gewinnt dadurch eine offene und freundliche Qualität. Weitere Sympathiepunkte sammeln Sie durch *Heiterkeit*. Durch humorvolle und kurzweilige Bemerkungen und ein frisches Auftreten können Sie Kunden, die reduziert und abgespannt auf Sie wirken, hervorragend aktivieren.

  Wenn Sie schon einen gewissen Draht zu Ihrem Kunden entwickelt haben, können Sie die wachsende Sympathie durch angedeutete Berührungen verstärken. Denn dadurch drücken Sie Ihrerseits Sympathie aus - und das wird in der Regel genauso erwidert. Hier ist allerdings Vorsicht geboten. Tasten Sie sich langsam vor, sollten Sie sehen, dass es Ihr Ansprechpartner nicht schätzt, auch nur andeutungsweise berührt zu werden, dann schränken Sie Ihre Bewegungen ein. Einige Menschen empfinden entsprechende Gesten als zu persönlich. Wichtig ist, dass Sie jede angedeutete Berührung durch ein Statement begleiten. Die Berührung wird somit zur Nebensache, ohne an Wirkung zu verlieren. Machen Sie Ihrem Kunden zum Beispiel ein Kompliment: „Also, dieser Blazer betont besonders Ihren sportlichen Typ." Oder begleiten Sie Ihre angedeuteten Berührung mit metakommunikativen Aussagen wie: „Jetzt möchte ich Ihnen noch etwas Spannendes erzählen!"

  Sie werden auch dann Sympathiepunkte gewinnen, wenn Sie eine souveräne Gelassenheit ausstrahlen. Vor allem wenn Ihr Ansprechpartner einen gestressten Eindruck macht, ist es wichtig, dass Sie der „ruhende Pol" sind. Diese

Ruhe überträgt sich dann auf Ihren Kunden - er wird sich zunehmend wohlfühlen, entspannen und Ihren Ausführungen konzentrierter folgen. Kontrollieren Sie dazu auch Ihre Atmung - atmen Sie gleichmäßig ein und aus. Achten Sie darauf, dass Sie entspannt und deutlich sprechen. Und besonders wichtig: Bewegen Sie sich harmonisch und nicht zu ausladend. Wenn Ihr Kunde hektisch ist und Sie ebenfalls „wild“ gestikulieren, wird das Gespräch selbst nervös und hektisch verlaufen. Die gewünschte Sympathie bleibt dann auf der Strecke.

Bitte überlegen Sie selbst, wie Sie in einem Gespräch das Vertrauen und die Sympathie Ihrer Kunden „steuern“ können: Welche Erfahrung haben Sie bisher mit Ihren Kunden gemacht? Wie ist es Ihnen bislang gelungen, „soziales Kapital“ aufzubauen? Reden Sie darüber auch mit Ihren Kollegen. Sie engagieren sich im gleichen Kontext wie Sie selbst und können Ihnen deshalb sicher mit gezielten Tipps und Infos weiterhelfen.

Dies soll fürs Erste zum Thema „Emotionen“ genügen. Später werden wir uns mit diesem Thema noch einmal aus einer etwas anderen Perspektive befassen. Arbeiten Sie daran, um noch einmal mit Daniel Goleman zu sprechen, „irritierende Gefühle unter Kontrolle zu halten“ und „sich in die Gefühle anderer hineinzuversetzen“. Dann können Sie für eine emotionale Basis sorgen, die stark genug ist, um Ihre Kunden für Sie und Ihr Angebot zu gewinnen. Vor allem die Emotionen „Vertrauen“ und „Sympathie“ werden dafür sorgen, dass er Ihren Ausführungen gerne folgt und nicht nur Sie als menschlich und fachlich überzeugenden Ansprechpartner schätzt - sondern vor allem auch Ihre Produkte und Services in einem guten Licht betrachtet.

Stern 3: Emotionen
■ *Die eigenen Gefühle wahrnehmen*: Machen Sie sich bewusst, welche negativen Gefühle Ihnen im Wege stehen.
■ *Die eigenen Gefühle steuern*: Bringen Sie sich in eine offene und gelassene Grundstimmung.
■ *Die Gefühle des Kunden wahrnehmen*: Achten Sie auf die nonverbalen Signale, die Ihre Kunden aussenden.
■ *Die Gefühle des Kunden steuern*: Sorgen Sie dafür, dass negative Stimmungen Ihrer Kunden durch Vertrauen und Sympathie abgelöst werden.

Stern 4: Persönlichkeit – Profil gewinnt

„Verkäuferpersönlichkeit gesucht" - viele Unternehmen sprechen mit Ihren Stellenangeboten nicht einfach nur „Verkäufer" an, sondern Verkaufsprofis mit einem charakteristischen und überzeugenden *persönlichen Profil.* Und dies tun sie völlig zu Recht. Im ersten Kapitel hatten wir bereits darauf hingewiesen, dass vor allem Premium-Kunden das Business von Mensch zu Mensch schätzen, dass sie sich am liebsten mit individuellen Persönlichkeiten unterhalten und nicht mit farblosen „Typen". Schon aus diesem Grund ist es für Sie wichtig - dies ist unser vierter „Stern" - Ihren Kunden gegenüber ein charakteristisches, markantes Profil zu zeigen. Wenn Ihnen dies gelingt, sind mindestens drei Vorteile auf Ihrer Seite:

- Menschen, die als individuelle Persönlichkeit wahrgenommen werden, signalisieren Konstanz und Zuverlässigkeit. Dadurch entsteht vor allem *Vertrauen* als wichtiger Teil Ihres sozialen Kapitals.
- Persönlichkeiten fliegt das Herz der meisten Menschen eher zu als „grauen Mäusen", die wir ohnehin nach dem ersten Gespräch oft schon wieder so gut wie vergessen haben. Das Identifikationsangebot, das sie machen, sorgt für *Sympathie,* dies ist der andere wichtige Teil Ihres sozialen Kapitals.
- Verkäufer, die über eine starke Persönlichkeit verfügen, grenzen sich positiv von ihren Mitbewerbern ab. Ihre Persönlichkeit ist eine USP mit Kopierschutz! Dies hilft ihnen, das heiß umkämpfte Gut *„Beachtung"* auf sich zu ziehen.

Das Thema „Persönlichkeit" ist ein weites Feld. Wir können es hier nicht vollständig abschreiten. Es reicht jedoch aus, wenn wir uns auf drei Aspekte konzentrieren, die uns im Umgang mit Premium-Kunden besonders wichtig erscheinen.

Präsenz: in „Echtzeit" leben

Wenn Sie an Menschen denken, die Sie durch ihre starke Persönlichkeit beeindruckt haben, ist Ihnen bestimmt aufgefallen, dass sie durch eine starke *Präsenz* wirken. Sie betreten einen Raum und ziehen alle Blicke auf sich, sie scheinen die ganze Atmosphäre eines Ortes zu prägen. Wenn Sie sich mit solchen Menschen unterhalten, haben Sie das Gefühl, dass sie voll und ganz da sind, dass sie hier und jetzt leben und Ihnen ihre volle Aufmerksamkeit schenken. *Sie leben in Echtzeit.* Und genau diese Präsenz sollten Sie sich als Premium-Verkäufer zu Eigen machen. Aufmerksam und hellwach zu sein, ist für Sie wichtig, wenn Sie mit Ihren Kunden telefonieren, am Rande eines Meetings Smalltalk führen, ein Produkt präsentieren oder in einem Gespräch mit Ihrem Kunden Details eines Angebots aushandeln. Schauen Sie Ihren Kunden an, konzentrieren Sie sich auf ihn, stellen Sie Fragen, seien Sie aufmerksam. Diese aktive Präsenz lässt Sie souverän sein und wirken. Sie gewinnen dadurch an persönlichem Profil. Zudem sehen Ihre Ansprechpartner, dass Sie bei der Sache sind und sie Ernst nehmen, dass Sie ihnen gegenüber *achtsam* sind. Und: „Achtsamkeit ist auch die Basis guter sozialer Beziehungen: Wer aufmerksamer im Umgang mit anderen ist und sich gleichzeitig vorschneller Urteile enthält, wird eher gemocht und geschätzt. Denn Achtsamkeit wird als Zuwendung und Respekt empfunden".[53]

Präsenz hat jedoch auch eine zweite wichtige Seite - ex negativo betrachtet: Wenn wir keine Präsenz zeigen, können uns wichtige Informationen verloren gehen. Sehr viele von uns „haben ein massives Wahrnehmungsproblem".[54] Stellen Sie sich vor, Sie gehen unaufmerksam und zerstreut in ein Verkaufsgespräch. Sie machen dabei nicht nur einen schlechten Eindruck, Ihnen entgeht zudem, dass Ihr Ansprechpartner von seiner soliden finanziellen Situation berichtet, dabei jedoch sehr nervös ist und sein Anzug dem ebenfalls widerspricht. Eine weitere Wahrnehmungsfalle: Wer wenig präsent und unaufmerksam ist, geht in der Regel mit vorgefertigten Schablonen in ein Gespräch. „Ich weiß ja sowieso, was Sache ist und wie der Hase läuft - alles Routine." Doch gerade auf diese Routine sollten Sie sich nicht verlassen, sie hilft Ihnen zwar, sich in Standardsituationen schnell zurechtzufinden, sie verstellt Ihnen jedoch auch den Blick auf wichtige Details, wie relevante Äußerungen oder nonverbale Signale Ihres Ansprechpartners. Gehen Sie deshalb in jedes Gespräch mit einem präsenten, aufmerksamen Blick, betrachten Sie Ihren Ansprechpartner genau, versuchen Sie, auch kleine Dinge zu registrieren, ohne sie unbedingt gleich zu bewerten. Wichtig ist, dass Sie jede neue Situation auch wirklich neu erleben. „Spitzenkönner in allen Bereichen unterscheiden sich von weniger Guten gerade dadurch, dass sie eine achtsame Anfängermentalität beibehalten und immer wieder die ‚selbstverständlichen' Grundlagen ihres Metiers infrage stellen. So verbessern sie immer wieder neu ihre Basisfähigkeiten - und damit ihre Gesamtperformance."[55] Diese „achtsame Anfängermentalität" ergibt sich aus dem Zusammenspiel von Offenheit und Präsenz. Sie lässt Sie jede Situation „wach" erleben, und sie trägt dazu bei, dass Ihre Kunden Sie als wache und präsente Persönlichkeit wahrnehmen. Vor allem, wenn Sie mit Geschäftskunden umgehen, bedeutet Präsenz Profit. Denn hier haben Sie es in der Regel mit professionellen Gesprächspartnern zu tun, die, legitimerweise, jede Unaufmerksamkeit eines Berater oder Verkäufers zu ihren eigenen Gunsten zu nutzen wissen.

Seien Sie also in jeder Situation „voll da", denken Sie, wenn Sie sich mit einem Kunden unterhalten, nicht schon an den nächsten Termin oder an den Feierabend. Schenken Sie Ihrem aktuellen Kunden Ihre ganze Aufmerksamkeit. *Signalisieren* Sie ihm auch, dass Sie hellwach und offen für ihn sind. Schauen Sie ihn an, registrieren Sie genau, was er sagt und wie er sich verhält - und reagieren Sie darauf. Ihre Präsenz können Sie auch durch Ihre Körperhaltung unterstreichen - hier heißt es: aufrecht stehen oder sitzen, Kopf hoch und Schultern leicht nach hinten. Überlassen Sie Ihrem Kunden die Hauptrolle, nehmen Sie sich selbst zurück. Dadurch zeigen Sie, dass Ihre Präsenz und Achtsamkeit ausschließlich Ihrem Ansprechpartner gehört – und genau dadurch gewinnen Sie selbst wieder an Persönlichkeit und Ausstrahlung.

Image-Management: die richtigen „Schubladen" öffnen

Wir leben in einer komplexen Welt, gerade auch was unser soziales Leben angeht. Um diese Komplexität in den Griff zu bekommen, benutzen wir ein praktisches Instrument: die Schublade. Diese „Schubladen" sind kognitive Rahmen, in die wir das, was wir wahrnehmen, einordnen, zum Beispiel unsere lieben Mitmenschen. Wenn wir einen Menschen das erste Mal sehen, stecken wir ihn automatisch und blitzschnell in eine bestimmte Schublade. Nichts anderes tun auch Ihre Kunden, wenn sie Sie das erste Mal sehen. Für Sie entscheidend ist, dass Sie in der richtigen „Schublade" landen. „Richtig" bedeutet, dass diese Schublade ein Label trägt wie „kompetent und zuverlässig" oder „sportlich und dynamisch" oder „kreativ und modern". Diesen mentalen Prozess können und sollten Sie gezielt steuern. Denn – ob Sie es wollen oder nicht – Ihre Kunden werden Sie unweigerlich in irgendeiner Form beurteilen und bewerten, und dann, bitte schön, in einer Form, die Ihrem Verkaufserfolg zuträglich ist. Dabei hilft Ihnen ein Konzept, das in der Public-Relations-Arbeit als „Personality PR" bekannt ist. Hier geht es darum, Ihren Kunden ein ganz bestimmtes Bild von sich zu vermitteln. Ihre Ansprechpartner sollen Sie als markante Verkäuferpersönlichkeit wahrnehmen. Die folgenden Leitfragen helfen Ihnen, dazu in einem ersten Schritt Ihr *persönliches Profil* zu entwickeln:

- *Wofür stehen Sie*? Hier geht es um Ihren Charakter und Ihre markanten Eigenschaften. Sind Sie ein eher sportlicher Typ oder eher kulturell interessiert? Sind Sie besonders dynamisch oder etwas zurückhaltender? Überlegen Sie, wo Ihre charakterlichen Stärken liegen. Stehen Sie jedoch auch zu Ihren „Schwächen", Ecken und Kanten. Persönlichkeiten gewinnen gerade dadurch, dass sie souverän auch zu ihren vermeintlichen Fehlern stehen. Ein Mr. Perfect würde zu glatt und letzten Endes unpersönlich wirken. Stehen Sie selbstbewusst zu Ihrer persönlichen Note! Dadurch entsteht eine persönliche Authentizität, die für Glaubwürdigkeit und Vertrauen sorgt.

- *Wofür stehen Ihre Produkte und Ihr Unternehmen?* Ihre Persönlichkeit sollte zu der „Persönlichkeit" der Produkte und Dienstleistungen passen, die Sie anbieten. Und Sie sollten der Kultur und dem Image Ihres Unternehmens entsprechen. Wenn Ihre Produkte beispielsweise für „Natürlichkeit" stehen – etwa handwerklich gefertigte Möbel, die ausschließlich aus massivem, ökologisch gewonnenem Holz gearbeitet werden –, dann sollte diese „Natürlichkeit" auch Teil Ihres persönlichen Profils sein. Wenn Sie in einem Unternehmen mit einer innovativen Kultur arbeiten, etwa in einem Softwarehaus, dann sollten auch Sie „innovativ" und „modern" bei Ihren Geschäftskunden ankommen.
- *Was erwarten Ihre Kunden?* Hier geht es vor allem um die Werte, die Ihren Kunden wichtig sind – zum Beispiel Individualität, Sicherheit, Beständigkeit, Tradition und Stil. Auch diese Werte sollten Sie „verkörpern". Sie sollten natürlich wieder zu Ihrem Charakter, Ihren Produkten und Ihrem Unternehmen passen. Kundenberater eines Unternehmens, das qualitativ hochwertige Türen- und Fensterelemente für Büro- und Verwaltungsgebäude herstellt und vertreibt, sollten bei ihren Kunden, in diesem Fall Architekten und Ingenieurbüros, einen entsprechend „hochwertigen" Eindruck machen.

Um sich als Verkäuferpersönlichkeit zu profilieren, können Sie sich also an Ihrem Charakter, an der „Persönlichkeit" Ihres Angebots und an den Erwartungen Ihrer Kunden orientieren. Wichtig dabei ist, *dass Sie insgesamt als stimmige und authentische Persönlichkeit auftreten.* Wenn Sie ein zurückhaltender Mensch sind, sollten Sie sich auch so geben und nicht auf Teufel komm raus den „Hans Dampf" spielen.

Ihr persönliches Profil ist die eine Sache, eine andere ist es, dieses Profil Ihren Kunden zu *vermitteln*, es lebendig werden zu lassen, daraus ein „*Image*" zu machen. Dies gelingt Ihnen in der *Kommunikation* mit Ihren Kunden. „Kommunikation" verstehen wir hier in einem weiten Sinn. Um wieder mit Rudi Keller zu sprechen, kommunizieren Sie mit allem, womit Sie Ihren Ansprechpartner bewusst dazu bewegen, bestimmte Schlüsse zu ziehen. Zu Ihrem Persönlichkeitsprofil gehört beispielsweise der Wert „Tradition". Deshalb kleiden Sie sich eher konservativ und pflegen etwas formalere Umgangsformen, zudem wählen Sie eine relativ förmliche Sprache. All dies sind „kommunikative Zeichen", die Ihren Kunden zu dem Schluss bewegen, dass er in Ihnen einen traditionsbewussten Ansprechpartner findet.

Ihr persönliches Profil können Sie durch viele Dinge ausdrücken: durch Ihre Sprache, durch nonverbale Signale, vor allem aber durch Ihre Kleidung sowie Ihren Stil und Ihre Manieren. Ein paar Beispiele für eine entsprechende „Image-Arbeit":

- *Kleidung*: Achten Sie darauf, dass Ihr Outfit Ihrem Charakter und persönlichen Profil entspricht und zu Ihrem Unternehmen und Ihrer Zielgruppe passt. Wenn Sie als Architekt ökologisch ausgetüftelte Niedrigenergiehäuser entwerfen – Profil „innovativer Akademiker" –, können Sie gerne auch etwas flotter auftreten. Nichts spricht dagegen, wenn Sie zu einem sportlichen Sakko gut geschnittene Jeans mit Hemd und Krawatte tragen. Wenn Sie jedoch Unternehmen komplexe Finanzprodukte anbieten – Profil „seriöser Berater" –, empfiehlt es sich, dezente Anzüge zu tragen. Wie so oft im Leben, so gilt auch hier: Es kommt immer darauf an.
- *Stil & Manieren*: Grundsätzlich sollten Sie das ABC des guten Stils beherrschen. Sie sollten wissen, wie Sie Ihre Kunden korrekt anreden. Sie sollten wissen, wie man sich richtig bekannt macht bzw. vorstellt. Und es sollte Ihnen keine

Probleme bereiten, mit Ihren Kunden auch in einem Top-Restaurant einen angenehmen Abend zu verbringen. Darüber hinaus sollten Ihre Manieren auch Ihren persönlichen Stil unterstreichen. Verkaufsprofis, die Rolls Royce-Automobile verkaufen – Profil „traditionsbewusster Kenner" –, können durchaus als Gentlemen alter Schule auftreten, ohne überzogen zu wirken. Wer hingegen Hightech-Mountainbikes an eine jüngere Zielgruppe verkauft – Profil „sportlicher Technikfan" –, gewinnt durch „jugendlichere" Manieren und ein lässigeres Auftreten. „Stilbildend" sind übrigens auch alle „Accessoires", mit denen Sie sich umgeben und die Sie nutzen. Dazu gehört das Fahrzeug, das Sie fahren, genauso wie das Look&Feel Ihrer Aktenmappe oder die Marke Ihres Füllfederhalters.

Bildung: Geist ist geil!

Zu einer überzeugenden Persönlichkeit gehört auch eine umfassende Bildung. Sie zeigt, dass wir an der Welt interessiert sind, deshalb macht sie uns selbst interessant, durch sie gewinnen wir ein individuelles Profil. Sie versetzt uns in die angenehme Lage, mit vielen über Vieles reden, plaudern und fachsimpeln zu können. Wir müssen es zwar nicht mit dem Famulus in Goethes Faust I halten: „Zwar weiß ich viel, doch will ich alles wissen!" Dennoch – eine gewisse Basis allgemeiner Kenntnisse sollten Sie schon Ihr Eigen nennen. Wissen liegt zudem im Trend. Kaum eine Fernsehsendung ist so erfolgreich wie „Wer wird Millionär?" mit Günther Jauch, kaum ein Sachbuch hat sich so oft verkauft – nämlich über 400 000-mal – wie der Titel „Bildung" des ehemaligen Anglistikprofessors Dietrich Schwanitz.

In welchen Feldern sollten Sie sich auskennen? Ein verbindlicher Kanon lässt sich wohl kaum festlegen, jedoch eine allgemeine Grundregel: Wichtig sind für Sie Inhalte, die Sie selbst und die gleichermaßen Ihre Kunden interessieren. Bei den meisten Premium-Kunden können Sie von einem Interesse in folgenden Bereichen sicher ausgehen:

- Sport
- Kunst
- Design
- Wirtschaft
- Politik
- Geschichte
- neuere Literatur

Und dann kommt es natürlich auch wieder auf Ihr ganz spezifisches Business an. Wenn Sie erstklassige Antiquitäten anbieten, können Sie davon ausgehen, dass Ihre Kunden sich gut in den Bereichen Kunst, Möbel und Design auskennen. Wenn Sie sportliche Automobile verkaufen, wird Ihre Kundschaft über besondere Kenntnisse in den Bereichen Technik und Sport verfügen und bei Ihnen schätzen.

Auch wenn wir hier ein paar zentrale „Persönlichkeitsmerkmale" besprochen haben, die uns besonders wichtig sind: Zu einer Persönlichkeit gehören noch sehr viel mehr Dinge als die, die wir aufgezählt haben. Sie reift natürlich über die Jahre – zum Beispiel durch die Leidenschaft für den Beruf, durch das tägliche Engagement, durch die guten und schlechten Erfahrungen, die wir jeden Tag aufs Neue machen. Der Physiker Albert Einstein hat dazu gesagt: „Persönlichkeiten werden nicht durch schöne Reden geformt, sondern durch Arbeit und eigene Leistung."

Stern 4: Persönlichkeit
■ Zeigen Sie Präsenz, Aufmerksamkeit und Achtsamkeit. So signalisieren Sie Ihrem Ansprechpartner Wertschätzung und Respekt und gewinnen an Ausstrahlung und Persönlichkeit.
■ Entwickeln Sie ein persönliches Profil. Orientieren Sie sich an Ihrem individuellen Charakter (einschließlich Ihrer Ecken und Kanten), an den Werten, für die Ihr Unternehmen und Ihr Angebot stehen, und an den Erwartungen Ihrer Kunden.
■ Drücken Sie Ihr persönliches Profil durch Ihre Kleidung und Ihr Auftreten aus.
■ Runden Sie Ihre Persönlichkeit ab durch Bildungsinhalte, die sowohl Sie selbst als auch Ihre Kunden interessieren und die Ihrem Angebot entsprechen.

Stern 5: Kommunikation – Kunden faszinieren

Kommen wir jetzt zum letzten „Stern" - zu der Kommunikation zwischen Verkäufer und Kunde. Hier, insbesondere im Verkaufsgespräch, schlägt die Stunde der Wahrheit, hier laufen alle bislang gespannten Fäden zusammen. Face to face mit ihrem Ansprechpartner müssen Verkäufer über die richtige Einstellung verfügen, relevantes Wissen parat haben, Emotionen managen können und als gewinnende Persönlichkeit auftreten. Wenn wir jetzt den Ablauf eines Verkaufs- oder Beratungsgesprächs beschreiben, greifen wir die Themen, die wir bereits angeschnitten oder ausgeführt haben, wieder auf. Wo nötig, ergänzen wir sie noch um den einen oder anderen Aspekt und bringen alles in einen schlüssigen Zusammenhang. Insgesamt möchten wir Ihnen zeigen, wie Sie als „Team-Leader" Ihre Kunden und sich selbst Schritt für Schritt zu einem gemeinsamen Ziel führen, wie Sie dazu Vertrauen und Sympathie aufbauen, die fünf Leitfragen beantworten, die sich Ihre Kunden vor einer Kaufentscheidung stellen, wie Sie die vier Triebkräfte Ihrer Kunden ansprechen und vieles mehr.

Jedes Gespräch, das Sie mit Ihren Kunden führen, ist dabei ein Unikat, keines gleicht dem anderen. Schließlich ist jeder Kunde anders, hat bestimmte Wünsche und Interessen. Dennoch gilt gerade im Umgang mit Premium-Kunden, dass jedes Verkaufsgespräch einer ganz bestimmten Dramaturgie folgen sollte. Sie bildet den Rahmen, innerhalb dessen vielfältige Gesprächsverläufe denkbar sind. Diese Dramaturgie ergibt sich aus den Grundprinzipien der Kommunikation und aus den Besonderheiten von Verkaufsgesprächen. Erinnern wir uns noch einmal an die Nutzenerwartungen, die Verkäufer und Kunde in ein Verkaufsgespräch setzen. Im Einzelnen geht es um die Punkte „Information", „Beziehung", „Unterhaltung", „Überzeugung" und „Begeisterung". Diese kommunikativen Ziele gilt es dabei so ökonomisch wie möglich zu erreichen. Dazu empfiehlt sich ein Vorgehen in fünf Stufen:

- Stufe 1: Warm-up
- Stufe 2: Bedarfsanalyse
- Stufe 3: Argumentation und Lösung
- Stufe 4: Verkaufs- oder Gesprächsabschluss
- Stufe 5: Verabschiedung

Jede dieser Stufen erfüllt ganz bestimmte Funktionen, insgesamt bilden sie eine logische Kette, an deren Ende ein Ergebnis steht. Idealerweise ist das der Abschluss, dies ist jedoch nicht zwingend nötig. Am Ende eines solchen Gesprächs kann auch eine bestimmte Vereinbarung stehen oder ein konkret geäußertes Interesse des Kunden oder auch ein deutlich ausgesprochenes Desinteresse. Wichtig ist auf jeden Fall, dass solche Gespräche nicht enden wie das Hornberger Schießen und alle auseinander gehen, ohne dass man so recht weiß, was Sache ist und welche weiteren Schritte folgen können oder sollten.

Vorbereitung: die Basis legen

Bevor Sie Ihrem Kunden die Hand schütteln und in die erste Phase des Verkaufsgesprächs einsteigen, gibt es für Sie noch einiges zu tun. Wir haben zum Beispiel gesehen, wie wichtig es ist, in einer offenen und gelassenen Stimmung in ein Gespräch einzusteigen. Wie beschrieben, sollten Sie vor einem Kundenkontakt dafür sorgen, dass Ihre Stimmung stimmt, dass Sie irritierende und störende Emotionen wahrnehmen, klar benennen und sich nach Möglichkeit in eine produktivere Stimmung versetzen.

Zudem ist es wichtig, dass Sie Ihrem Kunden nicht wie einer Tabula rasa gegenübertreten. Sie müssen ihn kennen, auch wenn Sie ihn noch nie zuvor gesehen haben. Sie müssen seine Anforderungen vorweggenommen haben, auch wenn er Ihnen dazu noch kein Wort gesagt hat. Premium-Kunden sind individuelle Persönlichkeiten mit individuellen Wünschen. Und genau so wollen sie auch behandelt werden. Sie hingegen möchten als Verkäufer so gezielt und schnell wie möglich auf den Punkt kommen. Dazu ist es wichtig, dass Sie vor jedem Gespräch drei entscheidende Fragen beantworten - sowohl allgemein als auch bei Bedarf auf einen konkreten Termin bezogen:

- *Mit wem reden Sie?* Hier geht es um die Frage nach Ihrer Zielgruppe, wir hatten diesen Punkt bereits bei dem Thema „Kundenorientierung" angesprochen. Wenn Sie im B2B-Bereich aktiv sind und Computersysteme verkaufen, ist es für Sie entscheidend, ob Sie sich mit einem Anwender, mit dem Systemadministrator oder mit dem Geschäftsführer unterhalten. Denn jeder von ihnen hat ganz besondere Interessen, jeder hat eine ganz bestimmte Perspektive auf Ihr Lösungsangebot. Den Anwender interessiert, ob Ihre Rechner dafür geeignet sind, ihn bei seiner täglichen Arbeit schnell und einfach zu unterstützen. Der Systemadministrator ist zudem daran interessiert, dass Ihre Rechner und das Netzwerk so stabil wie möglich arbeiten und dass Sie ein kompetenter Fachmann sind, wenn es darum geht, das System zu warten oder auch einmal zu erweitern. Der Geschäftsführer will von Ihnen vor allem wissen, inwieweit Ihre Systemlösung dazu beiträgt, dass er seine unternehmerischen Ziele erreichen kann. Auch wenn Sie Ihre Produkte und Leistungen an Endverbraucher verkaufen, sollten Sie Ihre Zielgruppe so genau wie möglich segmentieren und jedem Segment ein bestimmtes Anforderungsprofil zuordnen. Als Verkäufer hochwertiger Sportwagen zählen zu Ihren Kunden jüngere Manager, die Spaß daran haben, mit Turbopower eine kurvenreiche Strecke in den Alpen abzufahren, etwas gesetztere Geschäftsleute, die von der Technologie fasziniert sind, und gut verdienende „Trendsetter", die auf das Image und die Markenwerte Ihrer Flitzer abfahren.
- *Was wollen Sie erreichen?* Als zweites ist es wichtig, dass Sie sich vor jedem Gespräch klar machen, welches Ziel Sie er-

reichen wollen. Wie gesagt: Im Kern geht es immer darum, Geschäft zu generieren und eine möglichst hohe Rendite einzufahren. Im einzelnen Gespräch kann es jedoch auch um ganz andere Dinge gehen. Ein gewünschtes Ergebnis kann darin bestehen, dass Sie mit Ihrem Kunden zwei Lösungsvarianten für ein bestimmtes Problem entwickeln möchten, ohne gleich den Abschluss anzupeilen. Vielleicht geht es Ihnen vor allem darum, Ihrem Kunden erst einmal Ihre Kompetenz und Leistungskraft unter Beweis zu stellen.

- *Auf welchem Weg können Sie Ihr Ziel erreichen?* Wenn Zielgruppen und Ziel bestimmt sind, können Sie Ihr Vorgehen planen und eine Taktik entwickeln. Dazu gehört auch die Frage, welche Informationen und Botschaften Sie Ihrem Kunden über welche Medien vermitteln wollen. Sie können unterschiedlichste Medien und Maßnahmen verknüpfen können, um ihre Kunden so intensiv wie möglich anzusprechen. Wichtig ist dabei die Verknüpfung emotionaler und rationaler Elemente. Nehmen wir als Beispiel den Verkauf von Luxuslimousinen:
  - Die *Zielgruppe* bilden gut situierte potenzielle Kunden, die sich für eine Limousine der Oberklasse interessieren. Sie erwarten vor allem Sportlichkeit, technische Perfektion, Fahrkultur und „Freude am Fahren“.
  - Das *Ziel* besteht darin, diese Kunden für den neuen Wagen zu begeistern und eine Kaufentscheidung vorzubereiten. Ein direkter Abschluss steht hier noch nicht unmittelbar zur Debatte.
  - Der *Weg* zu dem angestrebten Ziel besteht darin, die Kunden sowohl rational als auch emotional so intensiv wie möglich anzusprechen. Dazu werden verschiedene Medien und Maßnahmen miteinander verknüpft. Ein Fachvortrag informiert sachlich über verschiedene Produktdetails. Das Sicherheitstraining sorgt für einen starken emotionalen Kick.

Wenn Sie emotional gut eingestimmt sind, Ihre Kunden kennen, ein Gesprächsziel haben und wissen, mit welchen Mitteln Sie es erreichen können, verfügen Sie über eine starke Basis, um in ein Gespräch einzusteigen.

Vorbereitung
▪ Sorgen Sie vor einem Gespräch dafür, dass Ihre Stimmung stimmt.
▪ Beantworten Sie vor jedem Gespräch folgende Fragen - zumindest allgemein, idealerweise auf einen bestimmten Kunden bezogen: Mit wem rede ich? Was will ich erreichen? Wie kann ich dies leisten?

Phase 1: Warm-up

Viele Verkäufer und Trainer meinen, die Warm-up-Phase wäre lediglich ein „Türöffner" - und verschenken so wichtige Chancen. Gerade hier können Sie es sich beispielsweise zunutze machen, dass Ihr Kunde Sie in eine bestimmte „Schublade" stecken wird. Sie können gewissermaßen die Schublade öffnen, in der Sie gerne landen möchten. Anders gesagt: In der Warm-up-Phase können Sie steuern, wie Ihr Kunde Sie wahrnimmt. Bereits hier greift Ihr persönliches *Image-Management* - was Sie sagen, wie Sie es sagen, welches Outfit Sie tragen, wie Sie insgesamt auftreten. Ihr Kunde wird daraus seine Schlüsse ziehen und alles, was Sie im Folgenden sagen und tun, entsprechend bewerten und einschätzen. Wenn Sie Ihren Kunden in einem dunklen Anzug empfangen, einen sehr gepflegten Eindruck machen und Ihren Kunden etwas förmlicher begrüßen, wird er Sie als „seriösen Berater" kategorisieren und Ihre weiteren Ausführungen als solide, kompetent und gut durchdacht einstufen.

Zweitens ist es im Umgang mit Premium-Kunden wichtig, dass Sie Ihre Zielorientierung und *Professionalität* unmittelbar signalisieren - Ihnen geht es schließlich auch darum, dass Ihr Kunde in Sie Vertrauen als kompetenten Berater setzt. Führen Sie das Gespräch, nachdem die ersten Grußworte ausgetauscht sind, deshalb etwa folgendermaßen weiter: „Ich freue mich, sehr geehrter Kunde, dass Sie sich für unser Angebot interessieren. Wenn Sie einverstanden sind, können wir wie folgt vorgehen ..." Sie skizzieren dann, wie Sie sich das Gespräch vorstellen, was erreicht werden soll, welchen Nutzen Ihr Kunde davon hat und wie lange das Ganze ungefähr dauert. Ihr Ansprechpartner sieht so, dass Sie professionell an die Sache herangehen und mit seiner Zeit verantwortungsbewusst umgehen.

Drittens können Sie die Warm-up-Phase nutzen, um Ihren Kunden kurz *einzuschätzen*. Hier kommen wieder Ihre Aufmerksamkeit und Ihre emotionale Intelligenz ins Spiel. Betrachten Sie Ihren Kunden offen und unvoreingenommen, lassen Sie seine Erscheinung, seine Mimik, Gestik, sein Outfit und seine Worte auf sich wirken. Achten Sie darauf, dass Sie absolut präsent sind. Nehmen Sie bewusst jedes Detail wahr.

Last but not least: Sie sollten von Anfang an dafür sorgen, dass das Gespräch auf einem emotional hohen Niveau verläuft. Ziehen Sie also gleich in der Startphase die *Gefühlskurve* nach oben. Dazu genügen Ihnen ganz einfache Dinge. Machen Sie Ihrem Kunden ein kleines Kompliment – „Ich freue mich, dass ich Sie heute besuchen darf, denn Ihr Unternehmen gehört für mich zu den allerersten Adressen" –, lösen Sie ein Versprechen ein, das Sie Ihrem Kunden vor kurzem gegeben hatten – „Übrigens: Die Adresse des alten Weingutes in der Pfalz habe ich für Sie wie versprochen notiert. Dem Gutsbesitzer habe ich auch bereits Bescheid gesagt. Wenn Sie möchten, müssen Sie sich nur noch mit ihm in Verbindung setzen." Oder machen Sie einfach eine heitere Bemerkung. Entscheidend ist in jedem Fall, dass Sie sympathisch und menschlich gewinnend auftreten. Was Sie auf jeden Fall tun sollten, ist: Schauen Sie Ihrem Kunden mit einem freundlichen Lächeln in die Augen!

Sie sehen also, bereits in der Warm-up-Phase können Sie viel dazu beitragen, dass Ihr Kunde Sie als kompetente Verkäuferpersönlichkeit wahrnimmt und Ihr soziales Kapital - Vertrauen und Sympathie - wächst.

Check it – Warm-up-Phase

- *Die richtigen „Schubladen" öffnen*: Zeigen Sie Ihrem Kunden durch Ihre Worte, durch Ihr Outfit und Ihr Auftreten, wofür Sie stehen, und was er somit von Ihnen erwarten darf.
- *Professionalität signalisieren*: Vermitteln Sie Ihrem Kunden, dass er Ihnen als kompetentem Profi vertrauen kann.
- *Kunden einschätzen*: Betrachten Sie Ihren Kunden offen und aufmerksam, und bewerten Sie Ihre Einschätzung.
- *Für Sympathie sorgen*: Ziehen Sie die emotionale Kurve des Gesprächs nach oben - durch Komplimente, heitere Bemerkungen und vor allem: durch ein gewinnendes Lächeln.

Phase 2: Analyse

Nachdem Sie in der ersten Phase entscheidende Voraussetzungen für einen erfolgreichen Gesprächsverlauf geschaffen haben, geht es in der zweiten Phase darum, die genauen Wünsche, Anforderungen und Herausforderungen Ihres Ansprechpartners zu ergründen. Nur dann können Sie ihm schließlich eine maßgeschneiderte Lösung vorschlagen oder ihm ein bestimmtes Produkt sinnvoll empfehlen. Insgesamt geht es für Sie darum herauszufinden, welchen der vier *Triebkräfte* Ihr Kunde vor allem folgt Zudem sollten Sie in der Analysephase Antworten auf genau die *fünf Leitfragen* finden, die sich Premium-Kunden stellen, bevor sie eine Kaufentscheidung treffen. Lassen Sie uns zuerst die Leitfragen und die Triebkräfte wieder aufgreifen, um dann zu sehen, wie Sie damit in der Analysephase umgehen können. Zuerst zu den fünf Leitfragen:

- *Ist das Angebot qualitativ überzeugend?* – Sie haben die Aufgabe herauszufinden, auf welche Qualitätsmerkmale Ihr Kunde besonderen Wert legt. Welche Produktmerkmale sind ihm wichtig? Stehen für ihn die Materialien im Mittelpunkt oder die technische Raffinesse?
- *Verfügt das Produkt über eine einzigartige Funktionalität?* – Hier geht es darum, zu analysieren, welche Funktionen und Nutzenaspekte Ihrem Ansprechpartner besonders wichtig sind. Der Motor eines modernen Sportbootes bietet zum Beispiel die funktionalen Nutzenaspekte Laufkultur, niedriger Verbrauch und Durchzugskraft. Ein Motor – und drei verschiedene funktionale Nutzenmerkmale! Jeder Interessent hat hier ganz bestimmte Vorlieben und Präferenzen.
- *Hilft mir das Produkt oder die Dienstleistung, meine Probleme zu lösen bzw. meine Herausforderungen zu bewältigen?* – Für eine kundenorientierte Argumentation müssen Sie auch wissen, wozu Ihr Ansprechpartner das Produkt oder die Dienstleistung nutzen möchte. Warum ist es ihm beispielsweise wichtig, dass das Motorboot wenig Sprit verbraucht? Legt er auf eine überzeugende Ökonomie wert? Sind ihm ökologische Aspekte wichtiger? An Ihnen liegt es, genau dies herauszufinden.
- *Bietet mir das Angebot den emotionalen Mehrwert, den ich mir wünsche?* – Gerade für Premium-Kunden ist diese Frage besonders wichtig. Im ersten Kapitel hatten wir gesehen, dass sie nicht nur rationale Nutzenargumente suchen, sondern auch einen emotionalen Gewinn und immaterielle Produktmerkmale wie Image und Prestige. Finden Sie heraus, auf welche Werte Ihr Kunde besonderen Wert legt, welche emotionalen Kaufmotive er hat.
- *Ist das Angebot seinen hohen Preis auch wert?* – Wie gesehen, werden alle Motive für die Kaufentscheidung mit der Preisfrage verknüpft. Denken Sie daran, dass im Premium-Segment der Preis selbst ein Produktmerkmal ist – der Preis

ist ein Ausweis seines Wertes - und dass Premium-Kunden bereit sind, auch einen hohen Preis zu bezahlen - *wenn der Gegenwert stimmt*! Wenn Sie in der Analysephase der „Preisfrage“ nachspüren, sollten Sie Ihren Blick also nicht darauf richten, wie weit Sie den Preis reduzieren müssen, damit Ihr Kunde Ihr Produkt kauft. Sie müssen vielmehr fragen, in welcher Hinsicht Sie Ihr Produkt in den Augen Ihres Kunden aufwerten müssen (siehe die ersten vier Fragen), damit er den gesetzten Preis gerne akzeptiert. Auch dazu später mehr.

Wieder kurz zu den Triebkräften. Hier geht es für Sie darum zu analysieren,

- ob es Ihrem Kunden darum geht, an Prestige zu gewinnen (Erwerbstrieb),
- ob er in erster Linie sozialen Bedürfnissen folgt (Bindungstrieb),
- ob es ihm vor allem wichtig ist, neue Erfahrungen zu sammeln (Lerntrieb), oder
- ob er seinen individuellen „Schutzraum“ erweitern möchte (Verteidigungstrieb).

Insgesamt haben Sie in der Analysephase also den Job, viele Antworten zu finden - die natürlich alle mehr oder weniger zusammenhängen. Dies gelingt Ihnen am besten, wenn Sie genau zwei Dinge tun: *fragen* und *zuhören* - nicht mehr, aber auch nicht weniger. Um gleich ein leider weit verbreitetes Vorurteil aus dem Weg zu räumen: Wer Fragen stellt und genau zuhört ist alles andere als passiv, er gibt in keiner Weise das Ruder aus der Hand, ganz nach dem Motto: „Wer zuhört, der hat nichts zu sagen.“ Genau das Gegenteil ist der Fall! Wenn Sie fragen und zuhören, können Sie ein Gespräch aktiv steuern, beides sind Elemente eines gezielten *Gesprächsmanagements*, mit beiden „Tools“ werden Sie Ihrer Rolle als „Team-Leader“ in einem

Verkaufsgespräch gerecht. Es ist eine Kunst, beide Techniken sicher zu beherrschen. Wenden wir uns zuerst dem *Fragen* zu.

Die inhaltliche Richtung Ihrer Fragen ist klar. Sie ergibt sich wie gerade beschrieben aus den rationalen und emotionalen Informationswünschen und Bedürfnissen und aus den Triebkräften, die die Kaufentscheidungen Ihrer Kunden maßgeblich beeinflussen. Stellen Sie Ihre Fragen dabei so direkt wie möglich, Ihr Kunde sieht so, dass es Ihnen um die Sache geht und um seine individuellen Bedürfnisse. Ein Premium- Verkäufer, der High-end-Soundsysteme verkauft, stellt zum Beispiel folgende Fragen - hier aus einem konkreten Gespräch herausgelöst und somit in unsystematischer Folge:

- „Was für Musik hören Sie denn am liebsten - eher Klassik oder eher Jazz?“ (*Funktionalität*)
- „Wie ist der Raum eingerichtet, in dem Sie die Anlage aufstellen möchten? Aus welchen Materialien sollte die Anlage sein, damit Sie perfekt zu Ihrer Inneneinrichtung passt?“ (*Produktmerkmale*)
- „Hören Sie Musik am liebsten alleine, oder genießen Sie eine gute Aufnahme auch gerne mit Freunden?“ (Bindungstrieb)
- „Legen Sie Wert auf den State of the Art in Sachen innovativer Technik?“ (*Lerntrieb*)
- „Die von Ihnen favorisierte Marke steht für absolute Meisterklasse; wer sich auskennt, weiß, dass Sie höchste Ansprüche haben. Darf es dennoch eine etwas weniger bekannte Marke sein, die jedoch über ein vergleichbares Leistungsprofil verfügt?“ (*Erwerbstrieb*)
- „Wie viel ist Ihnen perfekte klangliche Brillanz wert?“ (*Preis-Leistung*)

Gut gestellte Fragen zielen dabei immer auf mehrere Aspekte gleichzeitig ab: Die Frage nach dem „State of the Art in Sachen Technik“ hat nicht nur den Lerntrieb, sondern auch die relevanten Produktmerkmale als inhaltliches Ziel. Entwickeln Sie Ihren eigenen allgemeinen „Fragenkatalog". Orientieren Sie sich, wie demonstriert, an den Leitfragen, die sich Kunden vor einem Kauf stellen, und an den vier Triebkräften. Achten Sie dabei auch auf die Besonderheiten Ihres Business sowie auf die spezifischen Wünsche und Herausforderungen Ihrer Kunden. Überlegen Sie, wie Sie Ihren Fragenkatalog auf die unterschiedlichen Kundentypen ausrichten können, mit denen Sie in der Regel zu tun haben.

Nutzen Sie Fragen jedoch nicht nur, um Wünsche und Bedürfnisse Ihrer Kunden zu *ergründen*, sondern auch, um latente Bedürfnisse zu *wecken* und Ihren Kunden bewusst zu machen. Die steuernde Funktion von Fragen ist auch besonders wichtig, wenn Sie Geschäftskunden beraten und ihnen nicht nur Produkte, sondern komplexe Business-Lösungen verkaufen möchten: „Haben Sie schon einmal daran gedacht, neue Geschäftsfelder zu besetzen? Mir Ihren Kompetenzen und unseren Lösungen bieten sich Ihnen hier interessante Möglichkeiten. Was meinen Sie dazu?" Mit Ihrer Frage werden Sie das Denken Ihres Kunden unweigerlich in Bewegung setzen.

Fragen haben auch die Funktion, eine ganz besondere Art von Informationen zu gewinnen - nämlich die, welche *Einwände* aus Sicht des Kunden gegen einen Kauf sprechen könnten. Um bei den Soundsystemen zu bleiben - der Verkäufer kann hier fragen: „Die Anlage, die Sie besitzen, ist erst zwei Jahre alt - dennoch möchten Sie sich jetzt eine neue anschaffen?" Ihr Kunde wird Ihnen dann vielleicht sagen, dass seine alte Anlage für seine hohen Ansprüche nicht klanggetreu genug ist, eventuell ist er auch umgezogen und braucht eine etwas kompaktere Anlage. Auf mögliche Einwände wie „die Anlage, die Sie mir anbieten, hat ein zu schwaches Soundprofil" oder „die Anlage ist etwas überdimensioniert" können Sie sich dann gezielt vorbereiten.

Ein weiterer Punkt: In der Kommunikationstheorie gibt es die Begriffe „Schein-Einigkeit" und „Schein-Uneinigkeit". Beide „Phänomene" können in Verkaufsgesprächen für Probleme sorgen, und beide können durch gezielte Fragen entschärft werden. Ein einfaches Beispiel für „Schein-Einigkeit": Der Kundenberater eines Wassersporthauses und ein Kunde, der sich sein erstes Segelboot kaufen möchte, reden beide davon, dass wohl ein „größeres" Boot das richtige wäre. Sie sind sich also einig, jedoch nur scheinbar, denn sie haben völlig andere Vorstellungen davon, wie groß ein „größeres" Boot tatsächlich ist. Und ein analoges einfaches Beispiel für „Schein-Uneinigkeit". Der Kunde wünscht ein „größeres" Boot, und der Verkäufer meint, er könne ihm nur „kleinere" anbieten – faktisch beziehen sie sich jedoch auf genau dieselben Maße und Spezifikationen. Geschulte Verkäufer wissen auch solche Punkte durch gezieltes Fragen zu klären: „Was meinen Sie, lieber Kunde, genau mit einem ‚größeren' Boot?"

Nicht zuletzt zeigen Sie, wenn Sie viel fragen, dass Sie sich und Ihren Kunden als Team verstehen, das ein gemeinsames Ziel anstrebt, und nicht als zwei Einzelkämpfer, von denen jeder versucht, den anderen in irgendeiner Form auszutricksen. Also: Fragen kostet nichts, wie es so schön und richtig heißt, bringt aber eine Menge.

Verkäufer, die fragen:

- lenken das Gespräch in ihre Richtung,
- behalten die Führung,
- zeigen ihrem Gesprächspartner, dass sie an seiner Meinung und Sicht der Dinge interessiert sind,
- machen Kunden ihre Kaufmotive bewusst und klar,
- erkennen, wo mögliche Gegenargumente liegen könnten,
- motivieren Kunden, eine Kaufentscheidung zu treffen,
- sorgen dafür, dass ihnen ihr Ansprechpartner vertraut.

Wer redet, führt - vor allem, wenn er die richtigen Fragen stellt. Wer fragt, erhält *Antworten*. Die bringen dann am meisten, wenn man auch richtig *zuhören* kann. Und „richtig" zuhören bedeutet nach unserem Verständnis *proaktiv* zuhören. Wer in der Analysephase proaktiv zuhört, verfährt nicht nach dem Motto „in das eine Ohr rein und aus dem anderen Ohr raus", sondern er nimmt bewusst und aktiv das Gesagte wahr, ihm entgehen somit keine relevanten Informationen. Wer zuhört, nimmt sich selbst zurück, er signalisiert seinem Ansprechpartner, dass er für ihn „ganz Ohr ist", dass er ihm die Hauptrolle überlässt und an ihm und seinen Ausführungen interessiert ist. Und so geht's:

- Seien Sie aufmerksam und präsent. Achten Sie auf alles, was Ihr Kunde sagt, und auch darauf, was er auffälligerweise *nicht* sagt. Achten Sie zudem auf die nonverbalen Signale, die Ihr Kunde, während er spricht, aussendet. Stimmen sie mit dem Gesagten überein oder empfinden Sie einen Widerspruch?
- Schauen Sie Ihrem Ansprechpartner freundlich und aufmerksam in die Augen.
- Fassen Sie längere Redepassagen Ihres Kunden kurz zusammen: „Habe ich Sie richtig verstanden? Sie legen vor allem Wert darauf, dass die Anlage dem technischen State of the Art entspricht?"
- Notieren Sie wichtige Punkte. Auch so zeigen Sie Ihrem Kunden, dass Ihnen seine Ausführungen wichtig sind. Zudem können Sie auf Ihre Notizen in der Argumentationsphase zurückgreifen.
- Arbeiten Sie mit Verstärkern. Wenn Ihr Ansprechpartner eher zurückhaltend ist, können Sie ihn dazu bewegen, sich etwas mehr zu öffnen, wenn Sie Fragen stellen wie: „Das klingt interessant, könnten Sie dazu bitte noch mehr sagen?" - „Diese Einschätzung überrascht mich, wie genau kommen Sie dazu?"

Fragen und proaktives Zuhören führen zu einem „dynamisierenden Gesprächsmanagement". Sie können damit dem Gespräch die richtige Richtung geben, den Gesprächsverlauf intensivieren und beschleunigen, wichtige Informationen gewinnen und weitere Sympathie- und Vertrauenspunkte sammeln. Wenn Sie es richtig machen, haben Sie nach der Analysephase genügend Informationen über die Wünsche und Bedürfnisse Ihres Kunden gesammelt, um problemlos in die nächste Gesprächsphase einsteigen zu können.

Check it – Analysephase

- *Loten Sie die Kaufmotive Ihres Kunden aus.* Ermitteln Sie, welche konkreten Bedürfnisse und Wünsche Ihr Kunde hat, entdecken Sie seine offenen und verborgenen Kaufabsichten.
- *Stellen Sie dazu gezielte Fragen.* Orientieren Sie sich dabei an den Leitfragen, die sich Kunden vor einer Kaufentscheidung selbst stellen, und an den vier Triebkräften, die bei Kaufentscheidungen eine wesentliche Rolle spielen.
- *Hören Sie proaktiv zu.* Das heißt: Seien Sie aufmerksam, fassen Sie wichtige Punkte zusammen, stellen Sie Rückfragen, machen Sie sich Notizen und arbeiten Sie mit Verstärkern.

Phase 3: Argumentation und Lösung

Nach einer erfolgreichen Analysephase wissen Sie, was Ihr Kunde wünscht, welche besonderen Anforderungen er hat, welche Werte ihn bewegen und welchen möglichen Einwänden Sie den Wind aus den Segeln nehmen sollten. Mit diesen geballten Informationen können Sie jetzt einschätzen, welches Produkt bzw. welche Leistung für Ihren Kunden die perfekte Lösung darstellt. Und vor allem: Sie wissen, mit welchen Argumenten Sie Ihren Kunden davon auch überzeugen und wie Sie ihn begeistern können. Dies ist Ihre Aufgabe in der dritten Phase des Verkaufsgesprächs.

Ein wichtiger Teil der Argumentationsphase besteht dabei darin, die Wahrnehmung Ihres Kunden möglichst auf *ein bestimmtes* Objekt der Begierde zu fokussieren. Erschlagen Sie Ihre Kunden bitte niemals mit einer breiten Palette verschiedener Alternativen. Führen Sie, als Berater und Chef des Verfahrens, Ihren Kunden aktiv durch einen Auswahlprozess. Machen Sie dabei Ihre Einschätzung klar: Bewerten Sie für Ihren Kunden die verschiedenen, ausgewählten Möglichkeiten, favorisieren Sie *eine bestimmte* und verwerfen Sie mit klaren Argumenten alle übrigen. Gute Verkäufer, die nach der Analysephase ein sicheres Gefühl für den Charakter ihrer Kunden haben, gehen nur mit einem einzigen Angebot ins Rennen – bleiben wir bei unserem Beispiel mit dem Soundsystem: „Nach unserem bisherigen Gespräch, lieber Kunde, bin ich absolut davon überzeugt, dass genau diese Anlage für Sie die richtige ist." Begründen Sie dann Ihre Empfehlung. Greifen Sie dazu die Argumente auf, die Ihnen Ihr Kunde in der Analysephase selbst geliefert hat. Nutzen Sie auch die Notizen, die Sie sich als proaktiver Zuhörer gemacht haben. Ihre wichtigste Aufgabe besteht dabei darin, Ihren Kunden sowohl *rational* als auch *emotional* anzusprechen. Dies gelingt Ihnen, wenn Sie beispielsweise in *Begründungsketten* argumentieren, in denen Sie verschiedene Beweggründe, die – aus der Sicht Ihres Kunden – für einen Kauf sprechen, miteinander verbinden. Verknüpfen Sie dabei argumentativ den emotionalen Mehrwert, die entsprechende Funktionalität und die ihr zugrunde liegenden Produktmerkmale: „Mit dieser Anlage werden Sie einen völlig neuen Hörgenuss erleben. *Denn* Sie können mit ihr unterschiedlichste Klangfarben originalgetreu wiedergeben. Dies ist nur möglich, *weil* der integrierte Synthesizer digital gesteuert wird." Faszination, „das völlig neue Hörerlebnis" wird rational und somit *nachvollziehbar begründet*. Ein Beispiel aus einem anderen Bereich: Ein Verkäufer hochwertiger Digital-Kameras empfiehlt seinem Kunden, einem jungen Geschäftsführer eines mittelständischen Unternehmens, eine Profi-Ausrüstung: „Mit dieser Kamera werden

Sie maximalen Fotospaß erleben. *Denn* sie verfügt über vielfältige Einsatzmöglichkeiten. *Dafür* sorgt eine Zoom-Technologie, die ihresgleichen sucht."

Bei Ihrer Vorteilsargumentation können Sie die Faszinationskraft Ihres Produktwissens voll zur Geltung bringen. Begeistern Sie Ihren Kunden durch Informationen! Welche technischen Details sind bemerkenswert, welche Materialeigenschaften, welche Produktionsverfahren und Qualitätsstandards? Hier macht es sich bezahlt, dass Sie als Premium-Verkäufer ein echter Connaisseur und Kenner Ihres Angebots sind. Hier ist es zudem wichtig, dass Sie sich mit echter *Leidenschaft* mit Ihren Produkten identifizieren. Wir hatten gesehen, dass für Hellmut Wempe die „mechanische Uhr mit einem Werk aus Hunderten von Einzelteilen, mit vielen Komplikationen, Datenanzeigen, Mondstellungen und immer währendem Kalender eine enorme Faszination" ausübt. Wer selbst von der Machart und den Merkmalen seiner Produkte fasziniert ist, dem gelingt es auch, seine Kunden zu faszinieren. Dies gilt auch für die „Machart" von Dienstleistungen: Der Berater einer Kommunikationsagentur, der einem Industriekunden das Konzept für eine PR-Kampagne vorstellt, muss Zahlen, Daten, Fakten sprechen lassen und die „Wirkmechanismen" seines Konzepts lebendig und begeistert darstellen, nur dann kann er seine Ansprechpartner mitreißen und seine Präsentation „verkaufen".

Bei den rationalen und emotionalen Argumenten, die Sie im Rahmen Ihrer Vorteilsargumentation nutzen, können Sie sich, lassen Sie uns dies noch einmal zusammenfassend sagen, insgesamt an den folgenden Punkten orientieren. So sorgen Sie dafür, dass Sie Ihre Kunden individuell erreichen, überzeugen und faszinieren:

- *Welche Produktmerkmale, welche Funktionalität und welcher emotionale Mehrwert ist Ihrem Kunden besonders wichtig?* Die entsprechenden Informationen haben Sie in der Analysephase gewonnen. Sie helfen Ihnen, kundenorientiert zu argumentieren. Greifen Sie genau diese Informationen wieder auf.

- *Welche Triebkräfte sind für Ihren Kunden entscheidend?* Mit gezielten Fragen und proaktivem Zuhören haben Sie ebenfalls ermittelt, ob Ihr Kunde bei Kaufentscheidungen eher dem Erwerbstrieb, dem Bindungstrieb, dem Lerntrieb oder dem Verteidigungstrieb folgt. Wenn Sie Ihren Kunden emotional auf „völlig neue Hörerlebnisse hinweisen", sprechen Sie seinen Lerntrieb an, wenn Sie ihm vermitteln, dass er sich mit der neuen Anlage weit vom Durchschnitt abhebt, appellieren Sie an seinen Erwerbstrieb. Wir hatten ebenfalls gesehen, dass die Triebe meistens in Kombination wirken, in der Regel ist es deshalb auch besonders wirkungsvoll, wenn Sie in Ihrer Vorteilsargumentation *„kombiniert"* vorgehen. Nehmen wir zum Beispiel einen Kunden, der ein gut situierter Familienvater ist: „Wenn Sie sich für diesen Van entscheiden, erwerben Sie ein erstklassiges Spitzenprodukt, das Sie nicht so schnell in Ihrer Nachbarschaft finden werden (= *Erwerbstrieb*). Der Van ist so groß, dass Sie mit ihm sowohl Ihre Familie in den Urlaub als auch Freunde in ein Wochenendhaus chauffieren können (= *Bindungstrieb*). Ich möchte Sie hier auch noch einmal darauf hinweisen, dass der Wagen über einen Hightech-Bord-Computer verfügt (= *Lerntrieb*), der Ihnen alle sicherheitsrelevanten Daten schnell und einfach liefert. Dies entspricht unserer Leitidee ‚safety first' (= *Sicherheitstrieb*)."
- *Welche Markenwerte und -botschaften prägen das Image Ihrer Produkte und Leistungen?* Als Premium-Verkäufer sind Sie *Markenbotschafter*. Sie haben die Aufgabe, in Ihrer Vorteilsargumentation die Faszinationskraft Ihrer Marke lebendig werden zu lassen. Auf diese Weise handeln Sie als „Beziehungsmanager" zwischen Marke und Kunde. Wir wissen ja: *„A brand is a relationship"*. Dieser Punkt scheint auf den ersten Blick zu sehr auf Ihr Unternehmen bezogen, doch er zielt ebenfalls auf den Kunden und seine Interessen ab:

Denn in der Regel interessiert er sich für Ihre Markenprodukte genau deshalb, weil ihn die in der Markenkommunikation vermittelten Botschaften ansprechen und begeistern. Es geht ihm um die *Werte*, für die die bevorzugte Marke steht. Zeigen Sie sich hier als Wert-Arbeiter. Greifen Sie im Rahmen Ihrer Vorteilsargumentation die Markenbotschaften auf, die nach Ihrer Einschätzung, die Sie in der Analysephase gewonnen haben, Ihren Kunden besonders stark ansprechen – dies können „Qualität" oder „Zuverlässigkeit" genauso sein wie „Sportlichkeit" und „Dynamik" oder „Tradition" und „Beständigkeit": „Dieser Chronograph ist das Ergebnis einer über hundert Jahre währenden Manufakturerfahrung und Uhrmacherkultur unseres Hauses."

Sie sehen, dass Sie Ihre Vorteilsargumentation auf vielfältige Informationen gründen können, dass Sie sie aus unterschiedlichen Perspektiven führen können. Wir möchten für Sie die Argumentationsarbeit so einfach wie möglich machen – doch dazu müssen wir hier noch einmal etwas „komplizierter" werden und das Thema Argumentation kurz aus einer weiteren, ergänzenden Perspektive betrachten. Der leitende Gedanke: Wenn Sie in die Vorteilsargumentation mit Ihrem Kunden einsteigen, geht es Ihnen darum, Ihrem Kunden rational und emotional zu vermitteln, warum er sich gerade für das von Ihnen empfohlene Angebot entscheiden sollte und für kein anderes. Es geht darum, das *Besondere*, das Einmalige und Einzigartige Ihres Produkts oder Ihrer Dienstleistung zu unterstreichen. Es geht also auch um das Thema *„Positionierung"*. Dazu Positionierungsexperte Jack Trout: „Sich positionieren heißt nichts anderes, als den differenzierenden Nutzen seines Produkts im Kopf des potenziellen Kunden zu verankern."[56] Jack Trout nennt in Sachen Positionierung „vier Schritte, die zum Erfolg führen".[57] Wir zitieren sie und interpretieren sie für unsere Zwecke:

- *Schritt 1: Am Marktumfeld orientieren* – „Die Botschaft, die man vermitteln will, muss im Kontext der Branche sinnvoll sein. Sie muss von dem ausgehen, was der Markt von den

Konkurrenten gehört oder registriert hat." Der „Markt" sind hier Ihre Ansprechpartner. Sie wissen ja, dass Premium-Kunden bestens informiert sind, sie kennen auch die Angebote und Leistungsversprechen Ihrer Wettbewerber. Ihre Argumentation sollte sich also nicht nur an *Ihren* Leistungen, sondern auch an denen Ihrer Mitbewerber orientieren.

- *Schritt 2: Das entscheidende Differenzierungsmerkmal identifizieren* – „Man sucht also nach einem Merkmal, das einen vom Wettbewerb abhebt. Das Geheimnis ist, dass diese Differenzierung nichts mit dem Produkt zu tun haben muss." In Ihrer Argumentation müssen Sie Ihren Kunden nicht nur deutlich machen, was Sie ihm bieten, er muss auch verstehen, was Sie ihm *besser* und *anders* als *andere* bieten, welche Vorteile er davon hat, wenn er bei Ihnen und nicht bei Ihrer Konkurrenz kauft bzw. abschließt. In Ihrer Vorteilsargumentation kommt es dann vor allem darauf an, dass Sie Ihre besonderen Leistungsmerkmale und die USP Ihrer Produkte und Ihres Angebots als besonderen *Nutzen* für Ihren Kunden „verkaufen".
- *Schritt 3: Beweise liefern* – „Wenn man ein einzigartiges Produkt hat, sollte man in der Lage sein, dessen Einzigartigkeit sichtbar zu machen und das als Referenz einzusetzen." Bloße Worte sind Schall und Rauch, denn Kunden möchten sehen, dass Sie in der Lage sind, Ihre Versprechen auch *einzulösen*. Dies gilt auch für die Markenversprechen, für die Ihr Angebot steht. Lassen Sie also Referenzen und Testimonials sprechen. „Die besondere Qualität unserer Büromöbel schätzen immerhin 20 der 100 größten Unternehmen in unserer Region. Sie können sehr gerne unsere Referenzliste einsehen." In diesem Sinne können Sie auch mit empirisch ermittelten Daten argumentieren. „Eine Untersuchung, die wir von der hier ansässigen Universität haben durchführen lassen, bestätigt, dass die Leistungskraft unserer Anlagen 20 Prozent über dem Branchendurchschnitt liegt."

- *Schritt 4: Die Differenzierung kommunizieren* – „So, wie man sein Licht nicht unter den Scheffel stellen sollte, sollte man auch sein Differenzierungsmerkmal nicht verbergen.“ Und genau darum geht es uns in der Argumentationsphase. Wenn Sie die Differenzierung kommunizieren, ist es wieder wichtig, dass das Besondere Ihres Angebots auch den besonderen Wünschen Ihres aktuellen Ansprechpartners entspricht. Idealerweise sollten Sie deshalb nicht nur eine allgemeine USP im Köcher haben, sondern ein *Set an differenzierenden Kernbotschaften*, aus dem Sie sich gezielt bedienen können, je nachdem, welche besonderen Anforderungen Ihr konkreter Kunde hat. Wie oben angemerkt, müssen diese Differenzierungsmerkmale und Kernbotschaften nicht unbedingt etwas mit Ihren Produkten im engeren Sinn zu tun haben, sie können Sie auch aus den Besonderheiten Ihres Unternehmens ableiten – ein paar Beispiele, viele andere argumentationsstarke Kernbotschaften sind denkbar:
  - „Wir waren als erste mit diesem Produkt auf dem Markt.“
  - „Unser Unternehmen beliefert mit hochwertigen Büromöbeln mehr Vorstandsetagen als unsere Wettbewerber.“
  - „Bei uns finden Sie einen einzigartigen Service, den Ihnen sonst niemand in dieser Form auch nur annähernd bieten kann.“
  - „Wir können Ihnen deshalb besonders ökologische Lösungen bieten, weil wir uns genau darauf spezialisiert haben.“
  - „Bei uns kaufen ausschließlich Kunden, die auf eine herausragende Qualität Wert legen.“
  - „Unsere Produkte gelten als technisch besonders ausgereift.“

Bei Ihrer Vorteilsargumentation können Sie insgesamt unterschiedliche Strategien und Perspektiven miteinander verbinden. Im Mittelpunkt stehen dabei Ihre kommunikativen Ziele, Ihre Kunden zu *überzeugen* und zu *begeistern*. Dies gelingt Ihnen, wenn Sie alle rationalen und emotionalen Argumente, die *aus Sicht Ihres Kunden* für eine Kaufentscheidung sprechen, mit den Werten und besonderen Kernbotschaften, für die Ihr Angebot steht, verknüpfen. Sie verfügen hier, wie gezeigt, über vielfältige Möglichkeiten. Und genau diese Vielfalt gibt Ihnen die Flexibilität, die Sie brauchen, wenn Sie sich mit Ihrem Angebot an Premium-Kunden wenden. 08/15-Argumentationslisten haben ausgedient. Für Sie ist es deshalb auch hier wieder wichtig, dass Sie die grundlegenden Mechanismen nachvollziehen und auf Ihr spezielles Business - Ihr Unternehmen, Ihr Angebot, Ihre Marktsituation, Ihre Kunden und Ihre besonderen Verkaufssituationen - anwenden.

Check it – Argumentationsphase

- Sprechen Sie eine klare Empfehlung für Ihren Kunden aus.
- Begründen Sie diese Empfehlung, verknüpfen Sie dabei emotionale und rationale Argumente („Begründungsketten").
- Faszinieren Sie durch Produktwissen.
- Greifen Sie Produktmerkmale, Funktionen und emotionale Aspekte auf, die Ihrem Kunden besonders wichtig sind.
- Sprechen Sie die Triebkräfte Ihrer Kunden an.
- Arbeiten Sie mit den Markenwerten Ihres Angebots.
- Unterstreichen Sie die besondere Positionierung und die entsprechenden Nutzenaspekte Ihres Angebots.

Einschub: Einwände und die Preisfrage

Als aufmerksamer Leser haben Sie bestimmt bemerkt, dass wir in der Argumentationsphase weder etwas Ausführlicheres zum Thema „Einwände" noch zum Thema „Preise" gesagt haben, obwohl beide Themen eigentlich hierher gehören. Wir möchten beides gemeinsam in einem separaten Einschub behandeln, weil beide Themen im Umgang mit Premium-Kunden ein besonderes Vorgehen erfordern und weil beide Themen unmittelbar zusammenhängen. Etwas verkürzt gesagt:

- Kunden bringen aus zwei Gründen Einwände vor: Erstens, sie haben bestimmte inhaltliche Fragen und Wünsche. Zweitens, sie möchten den Preis drücken.
- Kunden stellen aus zwei Gründen die „Preisfrage": Erstens, sie möchten wissen, was genau den Preis rechtfertigt, welcher Gegenwert damit verbunden ist. Zweitens, siehe oben: Sie möchten den Preis drücken.

Beide Male haben wir also die gedankliche Richtung „Inhalte, Werte" und die gedankliche Richtung „Preis drücken". Den meisten Kunden, allen voran den Smart Shoppern, geht es bei Einwänden und der „Preisfrage" in erster Linie darum, den Preis zu drücken. Premium-Kunden denken hier anders. Wenn sie Einwände vorbringen und kritische Fragen stellen, sind sie tatsächlich auch an *sachlichen und fachlichen Antworten* interessiert. Wenn sie ein Fragezeichen hinter den Preis machen, möchten sie ausloten, ob das *Preis-Leistungs-Verhältnis* auch wirklich *angemessen* ist. Premium-Kunden geht es also nicht primär um den *Preis*, sondern um den *Wert*, den sie dafür erhalten. Der emotionale und rationale Wert rechtfertigt für Premium-Kunden den Preis. Um mit Hermann Simon, Chef der Unternehmensberatung Simon Kucher & Partner, zu sprechen: „Der richtige Preis ist das, was der Kunde zu zahlen bereit ist."[58] Und Premium-Kunden sind bereit, für hochwertige Produkte und Leistungen, die in ihren Augen einen überzeugenden Mehrwert bieten, einen Preis zu zahlen, der auch für den

Verkauf interessant ist. Der Wert bzw. Mehrwert ergibt sich dabei nicht nur aus dem „schlichten“ Produkt – sondern auch daraus, wie die Premium-Kunden das Kauferlebnis insgesamt wahrnehmen. Dies lässt das Thema „Preise“ in einem anderen als dem gewohnten Licht erscheinen. Gemeinhin gehen wir davon aus, dass es kaum einen so harten Faktor gibt wie den Preis, schließlich geht es doch hier ums „Eingemachte“. Doch weit gefehlt. Gerade im Umgang mit Premium-Kunden gewinnt der Preis eine neue Qualität: Er hat auch seine *weichen* Seiten. Denn Premium-Kunden können Preise „fühlen“ – analog zu unserem Temperaturempfinden: Während eigentlich angenehme 20 Grad herrschen, fühlen wir dennoch einen deutlich niedrigeren Wert, vielleicht weil ein etwas schärferer Wind weht, weil es nieselt und neblig ist oder weil wir nicht so gut drauf sind. Wie dem auch sei: Für uns ist immer die gefühlte Temperatur entscheidend. Und für Premium-Kunden eben der *gefühlte Preis*. 2 500 Euro für einen Ledersessel empfinden sie als „hoch“, wenn ein aufdringlicher Verkäufer in einem schmuddeligen Laden versucht, ihnen die Sitzgelegenheit aufzudrängen. Sie empfinden denselben Preis für das gleiche Produkt als „niedrig“ oder „angemessen“, wenn sie von einem eleganten Verkäufer in einem erstklassigen Ambiente charmant davon überzeugt werden, dass das edle Sitzmöbel *genau das Richtige* für ihre gehobenen Ansprüche ist.

Dazu BMW-Chef Helmut Panke: „Premium hat nun mal seinen Preis. Die wichtigste Frage aber ist: Wofür steht meine Marke, und wo sage ich Nein? Es ist besser, die Erwartungen einer genau definierten Gruppe von Kunden zu 100 Prozent zu erfüllen als die einer größeren Gruppe nur zum Teil. Ein bisschen was von allem ist im Grunde nichts von allem.“[59] Sowohl bei kritischen Fragen und Einwänden als auch in Sachen Preise geht es darum, die Erwartungen Ihrer Kunden auf das Genaueste zu erfüllen und sogar noch zu übertreffen – und zwar die Erwartungen in den rationalen und emotionalen Wert Ihres Angebots und die Erwartungen in Sie als Premium-Verkäufer, in Ihr Auftreten, in das Ambiente, für das Sie sorgen. Erst wenn Produkt, Verkäuferpersönlichkeit, Ambiente und das ganze Kauferlebnis in der Wahrnehmung Ihrer Kunden spitze sind, beantworten Premium-Kunden die Frage, ob ein hoher Preis gerechtfertigt ist, mit einem klaren „Ja!" Und genau dafür sorgen Sie, wenn Sie unserem „5-Sterne-System" folgen. Treten Sie als kompetenter und menschlich überzeugender Profi auf, machen Sie Ihr Angebot in den Augen Ihrer Kunden zu etwas Besonderem, das genau seinen Wünschen entspricht, steigern Sie seine Begehrlichkeit, bieten Sie ihm ein attraktives Kauferlebnis in einem attraktiven Ambiente. Wie Sie hier im Einzelnen vorgehen können, haben wir zum Teil bereits beschrieben; im Kapitel „Willkommen in der Premium-Klasse" geben wir Ihnen dazu noch wichtige ergänzende Tipps und Informationen.

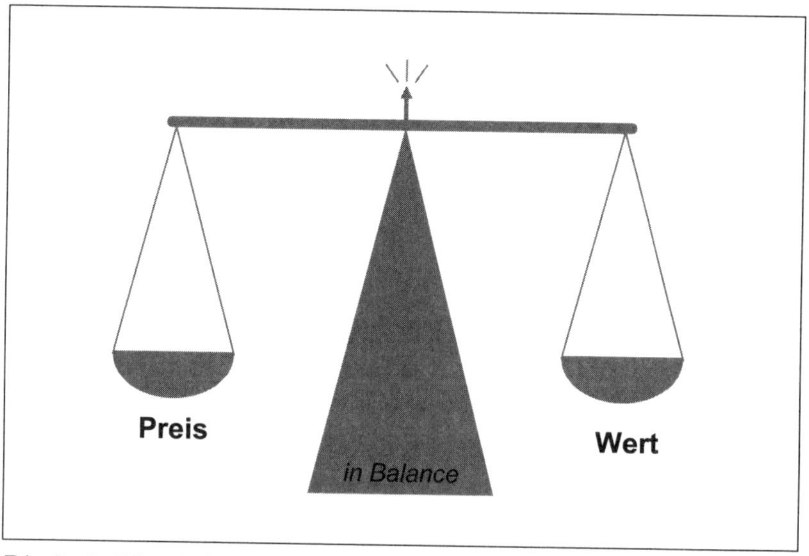

Die Preis-Wert-Balance: Machen Sie Ihren Kunden deutlich, dass ihren Investments ein entsprechend „gewichtiger" Return on Investment entgegen steht.

Grundsätzlich sollte Ihr Motto lauten: *Nicht Preise runter, sondern Wert rauf*! Beides - Preis und Gegenwert - müssen sich auf einem hohen Niveau in einer ausgewogenen Balance befinden. Dann wird Ihr Kunde begeistert ein Produkt erwerben, das in seinen Augen „wert-voll" ist, und Sie werden über Ihren Profit begeistert sein. Hier liegt Ihr außerordentliches Renditepotenzial als Premium-Verkäufer!

Check it – Einwände und Preisfrage

- Entschärfen Sie mögliche Einwände durch eine kundenorientierte Vorteilsargumentation.
- Steigern Sie bei kritischen Fragen, Einwänden und der Preisfrage die Begehrlichkeit Ihres Kunden, indem Sie den emotionalen und rationalen Wert Ihres Angebots noch klarer argumentativ betonen.
- Sorgen Sie auch durch ein attraktives Ambiente und ein gewinnendes Auftreten dafür, dass Kunden die Preise Ihrer Produkte als angemessen empfinden.

Phase 4: Verkaufs- oder Gesprächsabschluss

In der vierten Phase geht es darum, dass Sie und Ihr Kunde einen *Konsens* finden. Idealerweise heißt dieser Konsens: Kauf oder Vertragsabschluss. Wenn Sie mit Ihrem Kunden die grundlegenden Dinge besprochen haben, von seiner Seite aus keine Widerstände mehr kommen und Sie das Gefühl haben, dass Sie kurz vor dem Ziel sind, dann fassen Sie die wesentlichen Punkte Ihres Gesprächs kurz zusammen. Betonen Sie noch einmal die wichtigsten Nutzenargumente aus der Sicht Ihres Kunden. Greifen Sie eventuelle Einwände und die entsprechend diskutierten Lösungen auf. Schritt für Schritt führen Sie Ihren Kunden so auf die Kaufentscheidung hin. Wichtig ist, dass Sie in dieser Phase wieder für eine emotional entspannte Atmosphäre sorgen. Während die Analyse- und die Argumentationsphase für beide Seiten in der Regel etwas anstrengender sind, kann die vierte Phase eher mit einem sanften Ausgleiten verglichen werden. Die Karten liegen schließlich auf dem Tisch, es geht „nur" noch darum, die richtigen Konsequenzen zu ziehen.

Allerdings: Während Ihres abschließenden „Plädoyers" kann es durchaus sein, dass Ihr Kunde wieder ins Nachdenken gerät. Entweder spricht er eventuelle Bedenken explizit aus. Oder Sie sehen an seinem Verhalten, seiner Mimik und Gestik, dass Sie ihn doch noch nicht vollständig auf Ihrer Seite haben. Zögern Sie dann auf keinen Fall, sowohl ausgesprochene Bedenken als auch nonverbal vermittelte Zweifel aktiv aufzugreifen. Drehen Sie mit Ihrem Kunden noch einmal eine Argumentationsrunde: „Ich habe das Gefühl, dass Sie mein Vorschlag noch nicht ganz überzeugt. Woran fehlt es denn noch, damit Sie so richtig zufrieden sein können?" Selbst wenn es Ihnen dennoch nicht gelingen sollte, Ihren Kunden ganz auf Ihre Seite zu bringen, ist es wichtig, dass Sie sich mit ihm über das gemeinsam Erreichte und Besprochene verständigen. Fassen Sie klar und kurz zusammen, wo Sie und Ihr Kunde auf einer Linie liegen, und benennen Sie auch so konkret wie möglich verbleibende Vorbehalte Ihres Gegenübers. Vereinbaren Sie mir Ihrem Kunden dann, wie sie weiter vorgehen: „Noch einmal vielen Dank für Ihr Interesse an unseren Küchen. Wenn Sie erlauben, schicke ich Ihnen bis Ende dieser Woche ein Angebot, das Ihren Wunsch nach mehr Arbeitsflächen noch besser berücksichtigt. Gerne rufe ich Sie dazu dann in der nächsten Woche kurz an." Denken Sie immer daran, dass gerade im Premium-Bereich Kunden für Kaufentscheidungen etwas mehr Zeit brauchen, schließlich geht es um eine Menge Geld.

Check it – Verkaufs- und Gesprächsabschluss

- Bringen Sie Ihr Angebot und die besonderen Nutzenaspekte aus der Sicht Ihres Kunden noch einmal auf den Punkt.
- Drehen Sie, wenn es ausgesprochene oder nonverbal signalisierte Bedenken seitens Ihres Kunden gibt, noch einmal eine Argumentationsrunde.
- Fassen Sie das Ergebnis Ihres Gesprächs - unabhängig davon, wie es ausgeht - kurz zusammen.
- Vereinbaren Sie bei Bedarf die „next steps" mit Ihrem Kunden.

Phase 5: Verabschiedung

Die nächsten beiden Phasen können wir kurz besprechen. Dennoch sind sie ebenfalls ein wichtiger Part der Dramaturgie Ihres Verkaufsgesprächs. Gerade die Verabschiedung wird wie die erste Phase, die Begrüßung, von vielen Verkäufern und Trainern völlig zu Unrecht vernachlässigt. Service-Profis wie das Management des Ritz Carlton wissen jedoch, dass auch die Verabschiedung von besonderer Bedeutung ist. Nicht ohne Grund weisen sie ihre Mitarbeiter an, Gäste freundlich und mit ihrem Namen zu verabschieden. Denn: Während der erste Eindruck bei Gesprächsbeginn einen emotionalen Rahmen für das Gespräch setzt, setzen Sie mit der Verabschiedung einen emotionalen Rahmen dafür, wie sich der Kunde an Sie und das Gespräch erinnert, Sie geben ihm gewissermaßen noch einmal eine *„emotionale Visitenkarte"* mit auf den Weg: „Vielen Dank, Frau Kundin, dass Sie uns heute besucht haben, ich freue mich, wenn sich Ihr Besuch für Sie gelohnt hat. Ein Gesprächsprotokoll schicke ich Ihnen morgen gerne per E-Mail. Jetzt wünsche ich Ihnen eine gute Fahrt. Ich freue mich schon darauf, Sie bald wieder in unseren Räumen begrüßen zu dürfen!" Eine interessante Alternative besteht darin, Kunden zu einem Feedback

„einzuladen“: „Es hat mir Spaß, gemacht, mich mit Ihnen zu unterhalten - ich hoffe, Ihnen ging es ähnlich!“ Sie können sich sicher sein, dass Sie als Antwort ein freundliches Kompliment hören werden, das Ihrem Kunden - als seine eigene Meinung - im Gedächtnis bleiben wird.

Bevor Sie Ihren Kunden verabschieden, können Sie mit ihm wieder etwas Smalltalk führen, allerdings sollten Sie sich dann kurz fassen. Zum einen haben Premium- Kunden wenig Zeit, zum anderen sollten Sie signalisieren, dass Sie ebenfalls hart arbeiten und keine Zeit zu verschenken haben. Wichtig ist auch, dass Sie gerade in der letzten Phase Ihren Kunden noch einmal *positiv überraschen*. Überreichen Sie ihm ein kleines Präsent, das inhaltlich mit Ihrem Gespräch, Ihrem Unternehmen oder der Branche Ihres Kunden zu tun hat. Erzählen Sie eine kurze, heitere Anekdote aus Ihrem Haus. Wenn Sie und Ihr Kunde sich in Ihren Räumen unterhalten haben, bringen Sie Ihren Ansprechpartner bis an die Tür und lassen ihn auch so noch einmal spüren, dass er Ihnen ein willkommener Gast war.

Check it – Verabschiedung

- Unterhalten Sie sich mit Ihrem Kunden kurz und entspannt.
- Setzen Sie noch einmal einen emotionalen Akzent.
- Begleiten Sie Ihren Kunden bis an die Tür.
- Verabschieden Sie ihn mit seinem Namen.

Nachbereitung: Nach dem Gespräch ist vor dem Gespräch

Bei etwas kritischeren Kunden geht es darum, sie aktiv vom Nutzen einer weiteren Unterhaltung bzw. eines Folgetermins zu überzeugen. Auch bei zufriedenen Kunden heißt es, am Ball zu bleiben. Um für beides eine ideale Basis zu schaffen, sollten Sie unmittelbar nach einem Kundentermin noch einmal alle Punkte zusammenfassen, die Sie gemeinsam besprochen haben. Notieren Sie auch Dinge, die Ihnen am Rande aufgefallen sind, wie beispielsweise bestimmte Vorlieben, die Ihr Kunde geäußert hat, oder wann und wohin er sich in den nächsten Urlaub verabschiedet. Am besten legen Sie entsprechende Gesprächsprotokolle auf Ihrem PC an, Sie können sie dann immer auf dem aktuellen Stand halten. Idealerweise integrieren Sie entsprechende Informationen in ein umfassendes CRM-System. Machen Sie sich für diesen Kunden auch eine aktuelle To-do-Liste. Tragen Sie hier alles ein, was Sie unmittelbar tun können, um diesen Kunden doch noch für einen Abschluss zu gewinnen oder um ihn als Stammkunden aufzubauen. Ihr „Premium-Kunden-Protokoll" sollte – über die gewohnten Daten hinaus – zumindest die folgenden Punkte umfassen:

- nachgefragte Produkte und Leistungen
- gewünschte Produkteigenschaften
- gewünschte Funktionen
- gewünschte Werte/emotionaler Mehrwert
- Relevanz Erwerbstrieb
- Relevanz Bindungstrieb
- Relevanz Lerntrieb
- Relevanz Verteidigungstrieb
- Potenzial Zusatzverkauf
- Potenzial Up-Selling/Cross-Selling
- kritische Punkte/Einwandpotenzial

In Ihrer Liste finden Sie dann genau die Informationen, die Sie vor allem in der Analysephase gewonnen haben. Sie können vor dem nächsten Gespräch oder sogar während des nächsten Termins diese Liste nutzen, um in kürzester Zeit individuell auf Ihren Kunden eingehen zu können.

Check it – Nachbereitung

- Fassen Sie nach einem Kundengespräch alle wichtigen Punkte schriftlich zusammen, vor allem das Ergebnis Ihres Gesprächs und die vereinbarten nächsten Schritte.
- Notieren Sie sich wichtige Punkte zu privaten Dingen: Wann hat Ihr Kunde Geburtstag? Wann fährt er in den Urlaub? Welche Hobbys pflegt er? Welche kulinarischen Vorlieben hat er?
- Halten Sie vor allem fest, welche rationalen und emotionalen Faktoren die Kaufentscheidungen Ihres Kunden beeinflussen.

Willkommen in der Premium-Klasse

Auf den letzten Seiten haben wir die Dramaturgie erfolgreicher Verkaufsgespräche beschrieben. Wie Sie sehen, hat jede Phase, von der Begrüßung bis zur Verabschiedung, eine bestimmte Funktion und stellt deshalb an Sie als Verkäufer jeweils ganz besondere Anforderungen. Es gibt jedoch einen Erfolgsfaktor, der für jede einzelne Phase gleichermaßen wichtig ist: Premium-Kunden legen, wie wir wissen, besonderen Wert auf ein emotional ansprechendes Kauferlebnis bzw. Beratungsgespräch. Wenn es Ihnen gelingt, Ihren Kunden *während des gesamten Gesprächs emotional auf einem hohen Niveau anzusprechen,* können wir nur sagen: Willkommen in der Premium-Klasse! Im Mittelpunkt steht hier das *„emotionale Klima"*, in dem Sie Ihr Gespräch führen. Nach unserer Erfahrung können Sie Verkaufsgespräche vor allem auf den folgenden drei Wegen emotional veredeln.

- *Ein wertvolles Ambiente schaffen:* Für den gewünschten verkaufswirksamen emotionalen Rahmen Ihres Verkaufsgesprächs sorgen *immaterielle Werte,* nach denen sich Premium-Kunden sehnen, die für sie selbst jedoch zu einem Luxusgut geworden sind, weil sie zu wenig davon haben. Ihre Aufgabe als Verkäufer besteht darin, Ihren Kunden diese „Güter" während Ihres Verkaufsgesprächs zu vermitteln, sie sind ein *emotionales Add-on,* mit dem Sie sich Ihren Kunden als überzeugender Premium-Verkäufer empfehlen. Der Schriftsteller Hans Magnus Enzensberger weiß, worauf es ankommt, wir hatten ihn bereits im ersten Kapitel zum Thema „Werte" kurz zitiert; hören wir ihn hier noch einmal: „Der Luxus der Zukunft verabschiedet sich vom Überflüssigen und strebt nach dem Notwendigen, von dem zu befürchten ist, dass es nur noch den Wenigsten zu Gebote steht. Das, worauf es ankommt, hat kein Duty Free Shop zu bieten." [60] Enzensberger meint damit vor allem die Werte: Zeit, Aufmerksamkeit, Raum, Ruhe, Umwelt und Sicherheit. Diese Werte, die Premium-Kunden sonst eher selten finden, sollten das *gesamte Gespräch* mit Ihren Kunden prägen. Wir geben Ihnen hier ein paar Beispiele und überlassen es Ihrer Kreativität, die einzelnen Werte in Ihre individuelle Verkaufspraxis zu übersetzen.

  ***Zeit*:** Premium Seller sind in der Regel viel beschäftigte und interessierte Menschen. Ihr Arbeitstag umfasst nicht selten zwölf und mehr Stunden. Gehen Sie also mit der Zeit Ihrer Kunden sehr sorgfältig um. Wenn Sie einen Termin vereinbart haben, seien Sie unbedingt auf die Minute auch bereit. Sorgen Sie dafür, dass alles, was Sie für Ihre Präsentation brauchen, griffbereit und schnell verfügbar ist – dazu gehören auch Produktinformationen, Prospekte oder erste Kalkulationen. Als Premium-Verkäufer müssen Sie auch ein Premium-Organisator sein! Wenn Sie sich mit Ihrem Kunden unterhalten, dann konzentrieren Sie sich wirklich nur auf ihn. Leiten Sie Ihr Telefon um, und schalten Sie unbedingt Ihr Handy aus. Nichts kostet so viel Zeit und Nerven wie eingehende oder angenommene Telefonate, auch wenn sie noch so kurz sein mögen. Bleiben Sie die ganze Zeit über ausschließlich bei diesem einen Kunden. Reagieren Sie auch nicht, wenn es irgendwie geht, auf freundliche Bitten Ihrer Kollegen – „Könnten Sie mal bitte eben schnell ..." – denn genauso schnell sehen Sie Ihren Kunden dann nur noch von hinten. Also: Konzentrieren Sie sich auf Ihren Kunden, und widmen Sie ihm Ihre Zeit, so wie er sich Zeit für Sie und das Gespräch mit Ihnen nimmt. Zeit ist für Ihren Kunden ein Investment, das in seine Kosten-Nutzen-Kalkulation in Bezug auf das Verkaufs- oder Beratungsgespräch einfließt.

***Aufmerksamkeit*:** Premium-Kunden führen in der Regel ein hektisches Leben. Sie sprechen mit vielen Menschen, sie telefonieren, sie sitzen in Meetings oder in Gesprächen mit ihren eigenen Kunden. Kurz: Rund um die Uhr sind sie dem „Trommelfeuer" unterschiedlichster Informationen, Eindrücke und Probleme ausgesetzt, sie haben eine Menge gleichzeitig im Kopf. Die Aufmerksamkeit der Premium-Kunden wird dadurch „fragmentiert". Ihnen gelingt es deshalb oft nicht aus dem Stand heraus, sich auf ein Gespräch zu konzentrieren, was sie selbst ebenfalls als negativ empfinden. Achten Sie deshalb als Verkäufer darauf, dass sich Ihre Präsentation und Ihr Verkaufsgespräch auf die *wesentlichen Dinge* konzentriert. Sorgen Sie für *Einfachheit* und *Klarheit.* Lenken Sie Ihre und die Aufmerksamkeit Ihres Kunden auf die Fragen, Themen und Aspekte, die Ihnen selbst wichtig sind und von denen Sie glauben, dass sie das besondere Interesse Ihres Kunden finden. Nur so erreichen Sie, dass sich Ihr Kunde mit den Dingen im Kopf von Ihnen verabschiedet, die so relevant sind, dass er sich bald wieder bei Ihnen melden wird.

***Raum*:** Premium-Kunden bewegen sich beruflich in der Regel auf beengtem Raum. Ob sie mit ihrem Geschäftswagen zwei Stunden lang zum nächsten Termin fahren, ob sie sich am Bahnhof oder Flugplatz durch Menschenmassen drängen oder im Zug oder Flugzeug auf mehr oder minder engem Raum Platz nehmen müssen. Auch am Arbeitsplatz, in Büros und Meetingräumen finden Ihre Kunden kaum ausreichend Raum, um sich so richtig wohl zu fühlen. Das jedoch können sie bei Ihnen tun - sie sollten es zumindest. Sorgen Sie dafür, dass Ihr Kunde bequem Platz nehmen kann, achten Sie darauf, dass seine Augen auch mal in die Weite schweifen können - sei es durch einen großzügigen Präsentationsraum oder durch ein Fenster, das den Blick nach draußen freigibt. Achten Sie darauf, dass Einrichtung und Gestaltung Ihres Büros oder Verkaufsraums auf die wesentlichen Dinge reduziert sind. Alles sollte eine klare Linie haben und den Eindruck räumlicher Großzügigkeit vermitteln.

Ruhe: Straßenlärm, Verkehr, wieder das Handy-Klingeln, Kollegen und Mitarbeiter, die ins Büro lautstark hereinplatzen - die Lärmquellen, denen nicht nur die Premium-Kunden ausgesetzt sind, sind vielfältig und in ihrer Gesamtheit nervig und stressig. Bieten Sie Ihrem Kunden hier mehr, indem Sie ihm weniger bieten - weniger Lärm und weniger störende Geräusche. Sorgen Sie in Ihrem Büro oder Präsentationsraum für Ruhe. Schließen Sie die Fenster, wenn sich Ihre Räumlichkeiten in der Nähe einer stark befahrenen Straße befinden. Achten Sie vor allem auch auf den Klang Ihrer Stimme. Sprechen Sie ruhig und gelassen. Verbreiten Sie durch Ihr Auftreten eine entspannte Gelassenheit. Sie wird sich mit Sicherheit auf Ihren Kunden übertragen. Und er wird es Ihnen genauso sicher danken.

Umwelt: Eine „saubere" Umwelt wird Premium-Kunden oft nur am Wochenende in ihrem Ferienhaus oder in ihrem Urlaub zuteil. Dasselbe gilt für natürliche, frische Lebensmittel. Sie vermissen deshalb diese Dinge. Auch hier ist es wieder an Ihnen, für einen Ausgleich zu sorgen. Lüften Sie die Räume, in denen Sie Ihre Kunden empfangen, regelmäßig, lassen Sie in Ihren Räumen Pflanzen aufstellen, die sich gut in das Gesamtbild Ihrer Räumlichkeiten einfügen und für eine frische Note sorgen. Achten Sie auch auf scheinbare Kleinigkeiten wie frisches Wasser in sauberen Gläsern und eine Schale mit gewaschenem Obst auf dem Tisch. Bestimmt haben Sie auch noch andere Ideen. Wichtig ist jedoch immer, dass Sie Ihren Kunden „Frische" in einem weiteren Sinne bieten.

***Sicherheit*:** Sicherheit ist schließlich der letzte Punkt der Enzensbergerschen Aspekte des modernen Luxus, die wir auf das Ambiente von Verkaufsgesprächen übertragen. Premium-Kunden sind zwar nicht an Leib und Leben bedroht. Sie fürchten jedoch eine andere Art der Unsicherheit: Geschäftspartner, die sie im Regen stehen lassen, Termine, die platzen, Zusagen, die nicht gehalten werden. Sicherheit im Sinne von Zuverlässigkeit und Vertrauenswürdigkeit ist für sie ein wertvolles Gut. Entsprechen Sie dem Bedürfnis der Premium-Kunden nach Sicherheit, indem Sie sich stets an Vereinbarungen halten und zu Ihrem Wort stehen. Vermitteln Sie Vertrauenswürdigkeit von Anfang an. Sicherheit ist auch in einem anderen Sinne wichtig. Im Zusammenhang mit dem Verteidigungstrieb haben wir darauf hingewiesen, dass Premium-Kunden sehr darauf bedacht sind, ihr Image und ihren Status zu schützen. Achten Sie darauf, bei allem, was sie tun. Dazu gehört auch, dass Sie nicht zu persönlich und vertraulich werden, wahren Sie die nötige Distanz, und behandeln Sie Ihre Kunden stets mit einem verbindlichen Respekt, der auch durch alle Freundlichkeit und lockere Passagen klar erkennbar bleibt. Bringen Sie Ihrem Kunden die Wertschätzung entgegen, die für ihn das Gespräch mit Ihnen wertvoll macht.

- *Eine emotionale Sprache sprechen:* Auch mit Ihrer Sprache können Sie das emotionale Klima Ihres Verkaufsgesprächs entscheidend prägen – in jeder einzelnen Phase. Zunächst geht es beim Thema „Sprache" grundsätzlich um ganz einfache pragmatische Dinge: Sie möchten den zeitlichen Aufwand Ihres Kunden so gering wie möglich halten - also fassen Sie sich kurz. Sie wollen, dass Sie Ihr Kunde eindeutig versteht - also drücken Sie sich klar und deutlich aus. Sie haben das Ziel, dass Ihnen Ihr Kunde inhaltlich folgt - also argumentieren Sie logisch schlüssig und nachvollziehbar. Bereits diese Punkte sorgen für eine angenehme *professionelle Atmosphäre*. Um Ihr Gespräch maximal emotional zu gestalten, können Sie jedoch ergänzend folgende sprachliche Mittel nutzen:

***Vergleiche und Bilder*:** Sprache hat vor allem deshalb eine starke Kraft, weil Sie mit ihr emotional motivierende Bilder im „Kopf" Ihres Kunden entstehen lassen können. Wenn diese Bilder lebendig und attraktiv sind, sprechen Sie genau die Emotionen an, die wir bereits als den „Chef" kennen gelernt haben, der Entscheidungsvorlagen des rationalen Verstandes bewertet. Die wichtigsten sprachlichen Tools sind dabei vor allem *Vergleiche* und *Metaphern*. Die „Mechanik" funktioniert hier jeweils so, dass Sie Ihre Produkte oder bestimmte Produkteigenschaften in Bezug zu einem positiv besetzten Begriff bringen. Wenn Sie Sparsamkeit und Reichweite eines Sportflugzeugs verdeutlichen möchten, können Sie sagen: „Diese Maschine ist ein echter Zugvogel." Mit dieser metaphorischen Verknüpfung signalisieren Sie, dass Ihre Sportflugzeuge nicht nur über eine hohe Reichweite verfügen, sondern dass sie auch ein natürliches Flugerlebnis bieten. Oder: „Diese Uhr ist ein Diamant!" Will heißen: Die Uhr strahlt, hat Feuer und vor allem - sie ist wertvoll. Bei Vergleichen können Sie auch das Wörtchen „wie" verwenden: „Diese handgearbeiteten Schuhe sind wie eine zweite Haut." Oder: „Der Stoff für Ihren Anzug ist leicht wie eine Feder." Oder: „Diese Business-Software ist so vielseitig wie ein Schweizer Taschenmesser." Bei diesem und bei den nächsten Punkten ist es wichtig, dass Sie bei der Wahl Ihrer sprachlichen Mittel darauf achten, dass sie Werte zum Ausdruck bringen, die den Markenwerten und -botschaften Ihrer Produkte entsprechen und die Wertvorstellungen Ihrer Kunden treffen. Wenn Sie solide Fertighäuser verkaufen und einen Kunden beraten, bei dem Sie den Verteidigungstrieb als wesentlich analysiert haben, können Sie ihn gewinnen, wenn Sie sagen: „Unsere Häuser sind solide und sicher wie eine Burg.“ Wenn Sie Steuerungsmotoren für technische Anlagen kaufen, können Sie auf die Präzision Ihrer Produkte hinweisen, wenn Sie diese mit der Zuverlässigkeit von Uhrwerken vergleichen.

***Geschichten*:** Wenn Sie Ihren Kunden emotional noch etwas tiefer führen möchten, können Sie dies mit kurzen Geschichten tun. Wählen Sie dabei Themen, die ebenfalls der Bedürfnisstruktur Ihres Kunden entsprechen. Wenn Sie davon ausgehen können, dass Ihr Kunde sich für Ihre Nobelmarke begeistert, weil sie für „Tradition“ steht, dann wäre zum Beispiel eine Geschichte passend, die von der langen Tradition Ihres Hauses handelt, von seinen willensstarken Gründern vor 150 Jahren, der erfolgreichen Entwicklung über die Jahrzehnte, der soliden Expansion, die auf festgefügten Grundsätzen ruht und noch bis weit in die Zukunft reichen wird. Wenn Ihr Kunde von den Materialien Ihres Produkts besonders angetan ist, nehmen wir zum Beispiel hochwertige Möbel, dann erzählen Sie ihm, wie aufwändig sie gewonnen werden, welche fast schon übertriebenen ökologischen Standards dabei gewährleistet werden und welche aufwändigen Qualitätssicherungssysteme dafür sorgen, dass der Kunde absolut sicher sein kann, nur das Beste vom Besten zu erhalten. Überlegen Sie, welche Geschichten für Ihr Angebot sprechen könnten, denken Sie dabei an die Themenbereiche Unternehmen, Gründer/Management, Gebäude, Produkte und Kunden. Sie sehen: Bei den „soften“ Geschichten geht es um harte Positionierung!

Keywords: Positive emotionale Punkte setzen Sie mit Keywords - magic words -, die dem Denken Ihres Kunden eine bestimmte Richtung geben. Sagen Sie nicht einfach nur: „Wir haben Leder verarbeitet, das ...", sondern schwärmen Sie: „Wir haben *wertvolles* Leder verarbeitet." Nutzen Sie die emotionale Kraft positiver Adjektive. Dabei ist es wieder wichtig, dass diese Adjektive zu Ihren Kunden passen, zu Ihren Markenbotschaften und zu Ihrem Unternehmen. Hier ist es an Ihnen, Ihre individuelle Liste verkaufsstarker Eigenschaftswörter anzulegen. Lassen Sie sich dabei auch von den Werten leiten, die für Premium-Kunden besonders wichtig sind. Wer hier noch etwas mehr tun möchte, der kann nicht nur Adjektive auflisten, sondern ganze Wortfelder entwickeln. Diese Wortfelder können dann gezielt in allen Kommunikationskanälen genutzt werden - von einem Call Center über die schriftliche Korrespondenz bis eben hin zum Verkaufsgespräch. Lassen Sie uns ein Beispiel geben. Ein Wert, der vielen Premium-Kunden besonders am Herzen liegt, ist „Tradition". Das entsprechende Wortfeld umfasst - stark verkürzt! - Begriffe wie:

- Kultur, Werte, unser Haus, Sorgfalt
- zeitlos, traditionell, kultiviert, erfahren
- bewahren, behüten, überliefern, weiterführen

Wenn Sie solche Wortfelder konsequent entwickeln, haben Sie einen ersten wichtigen Schritt zu einem imagestarken und verkaufswirksamen Corporate Wording getan.

„Sinnliche" Begriffe: Premium-Kunden sind keine trockenen Brötchen, es sind in der Regel Menschen, die sinnliche Erlebnisse suchen. Folgen Sie diesem Wunsch! Natürlich haben hier nicht alle Verkäufer die gleichen Möglichkeiten. Mit etwas Phantasie kann jedoch jeder, zumindest wenn es um Produkte geht, direkt für eine anziehende Sinnlichkeit sorgen. Lassen Sie Ihre Kunden dazu Ihre Produkte über alle Sinneskanäle erleben. Grundsätzlich geht es hier um das Sehen, das Fühlen, das Riechen und das Hören. Steuern und begleiten Sie die Sinneseindrücke Ihrer Kunden mit entsprechenden sprachlichen Mitteln. „*Sehen* Sie, wie fein dieser Tweedstoff gearbeitet ist." - „*Fühlen* Sie nur, welche wunderbare Qualität das gewachste Holz dieses Tisches hat." - „*Riechen* Sie den dezenten Duft des Nappaleders dieser eleganten Sitzgruppe." - „*Hören* Sie, mit welch sattem Sound die Tür dieses wunderbaren Wagens ins Schloss fällt."

- *Kunden überraschen:* Im Rahmen der einzelnen Gesprächsphasen haben wir bereits auf die emotionale Kraft kleiner „Überraschungen" hingewiesen. Grundsätzlich können Sie Ihre Kunden in jeder einzelnen Phase überraschen und verblüffen. Dazu kann Ihnen alles dienen, was den Kunden erfreut, erstaunen lässt und seine gedankliche Routine durchbricht. Vor allem hier kommt es sehr darauf an, dass die „Überraschungen" zu der Gesprächssituation und Ihrem Kunden passen. Wir geben Ihnen kurz ein paar Beispiele. Ihnen fallen bestimmt ganz andere Dinge ein, die Ihrer Verkaufspraxis noch besser entsprechen:
  - Ihr Kunde ist bei Ihnen an einem heißen Sommertag zu Gast. Nach der Begrüßungsphase verabschieden Sie sich kurz und kehren nach fünf Minuten mit zwei Eis am Stiel in der Hand zurück, Ihr Kunde konnte solange Ihre Unternehmensbroschüre lesen.
  - In einem Gespräch, das bislang sehr förmlich verlief, ziehen Sie Ihr Sakko aus und laden Ihren Kunden dazu ein, es Ihnen gleichzutun. Das Gespräch wird sofort einen lockeren Charakter gewinnen.
  - Sie überraschen Ihren Kunden mit einer kurzen E-Mail: „Lieber Kunde, wir freuen uns darauf, Sie morgen bei uns begrüßen zu dürfen. Wir haben für Sie den Parkplatz Nr. 2 reserviert, er befindet sich direkt vor unserem Eingangsbereich."

- Begrüßen Sie Ihren Kunden mit einem Schild am Empfang: „Herzlich Willkommen, Herr Kunde, bei der Muster GmbH."
- Tauschen Sie die Nummer des Raumes, in dem Sie sich mit Ihrem Kunden unterhalten werden, gegen ein Schild, das seinen Namen trägt.
- Lassen Sie den Raum geschmackvoll eindecken - am besten mit dem bevorzugten Erfrischungsgetränk Ihres Kunden in einer edlen Karaffe, die zum Genießen einlädt.
- Überreichen Sie Ihrem Gast ein kleines Präsent, das einen direkten Bezug zu Ihrem Gespräch hat oder zu der Stadt, in der Ihr Unternehmen seinen Sitz hat.
- Ihr Kunde hat sich auf ein hartes Verkaufsgespräch in einer trockenen Atmosphäre eingestellt. Sie packen kurz Ihre Unterlagen zusammen, sagen Ihrer Sekretärin Bescheid und laden Ihren Kunden in ein nahegelegenes Parkrestaurant ein, wo Sie ungestört „im Grünen" verhandeln können.

Wenn Sie, wie beschrieben, den Werten Zeit, Ruhe, Aufmerksamkeit, Umwelt und Sicherheit folgen, wenn Sie sprachliche Akzente durch Bilder, Geschichten, emotionale und sinnliche Keywords setzen und Ihre Kunden hin und wieder überraschen, werden Sie insgesamt für ein emotionales Klima sorgen, in dem sich Ihr wichtigstes soziales Kapital - Vertrauen und Sympathie - prächtig entwickeln kann. *Ihr Kunde wird sich einfach wohlfühlen*! Dieses Stimmungsmanagement holt Ihren Kunden aus seinen Denkroutinen heraus, es lässt ihn nicht nur Sie und die Gesprächssituation, sondern - und darum geht es - vor allem auch Ihr Unternehmen, Ihre Produkte und Leistungen in einem attraktiven und gewinnenden Licht wahrnehmen.

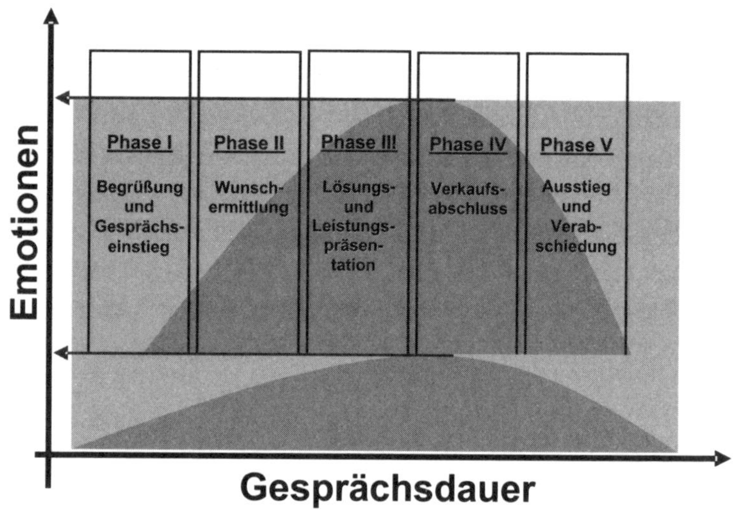

Als Premium-Verkäufer können Sie mit einfachen Mitteln jedes Verkaufsgespräch durchgehend auf einem hohen emotionalen Niveau führen.

Stern 5: Kommunikation
■ *Vorbereitung*: Machen Sie sich vor einem Gespräch klar, mit wem Sie reden, was Sie erreichen möchten, und wie Sie ans Ziel kommen.
■ *Phase 1 – Warm-up*: Steuern Sie sofort die Wahrnehmung Ihrer Kunden, signalisieren Sie Professionalität, schätzen Sie Ihren Kunden ein und sammeln Sie Sympathiepunkte.
■ *Phase 2 – Analyse*: Loten Sie die Kaufmotive Ihres Kunden aus, stellen Sie dazu gezielte Fragen und hören Sie proaktiv zu.
■ *Phase 3 – Argumentation*: Sprechen Sie eine klare Empfehlung aus, begründen Sie Ihre Empfehlung mit „Begründungsketten". Betonen Sie Aspekte, auf die Ihre Kunden besonderen Wert legen, Markenwerte Ihrer Produkte sowie deren Positionierung und entsprechende Nutzenaspekte.

■ *Einwände und Preisfrage*: Nehmen Sie Einwänden den Wind aus den Segeln, betonen Sie den rationalen und emotionalen Wert Ihres Angebots, sorgen Sie für ein attraktives Ambiente und ein gewinnendes Auftreten.
■ *Phase 4 – Verabschiedung*: Behandeln Sie Ihren Kunden als Gast.
■ *Phase 5 – Nachbereitung*: Notieren Sie relevante Kundeninformationen, Gesprächsergebnis und Next Steps.
■ *Emotionale Kicks*: Emotionalisieren Sie Ihr Verkaufsgespräch durch ein werteorientiertes Umfeld und Vorgehen, durch eine emotionale Sprache und durch kleine „Überraschungen".

Epilog: Verkäufer – die Stars der Wirtschaft

Vielen Dank, liebe Leserin, lieber Leser, dass Sie uns durch die Welt des Premium-Segments begleitet haben. Wir freuen uns, wenn wir Ihnen mit unserem Buch helfen können, auch die anspruchsvollsten Kunden erfolgreich zu beraten und zu betreuen. Wir sind uns sicher, dass Ihnen dabei unser „5-Sterne-System des Premium-Verkaufs" wertvolle Dienste leisten kann. Denn wir haben dieses System in der Praxis entwickelt und für Sie als Praktiker ausgearbeitet.

Die fünf Kernelemente des Premium-Verkaufs

Als Verkäufer im Premium-Bereich können Sie stolz sein - aus den unterschiedlichsten Gründen. Einer der wichtigsten: Sie gehören zu den Stars der Wirtschaft, sowohl betriebswirtschaftlich als auch volkswirtschaftlich gesehen. Für Ihren Arbeitgeber machen Sie Umsätze und erwirtschaften eine Rendite, Sie sorgen dafür, dass der Rubel rollt. Und weil Sie aus Interessenten Käufer und Konsumenten machen, leisten Sie auch einen wesentlichen Beitrag für den allgemeinen Wohlstand.

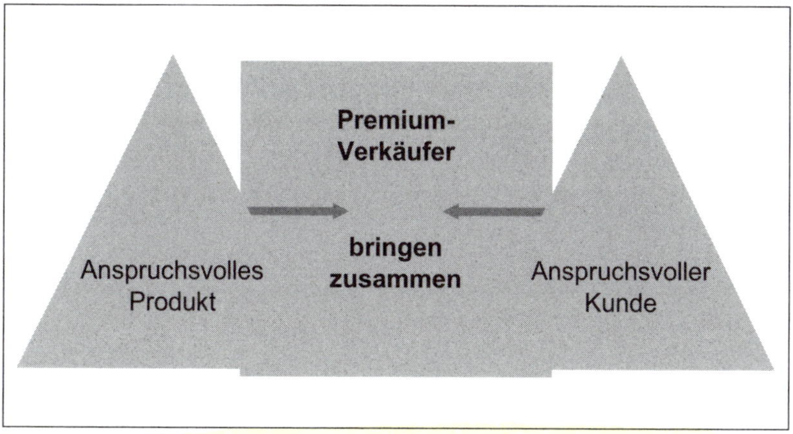

Ohne Verkäufer geht nichts - mit ihnen geht alles. Denn sie sind das entscheidende Bindeglied zwischen Produkten und Kunden.

Als Verkäufer haben Sie hervorragende Chancen, sehr erfolgreich zu sein - und zwar unabhängig davon, ob Wirtschaftsinstitute mal wieder eine Konjunkturkrise und Kaufmüdigkeit diagnostizieren oder ob die Wirtschaft floriert. Entscheidend ist, dass Sie Ihre Chancen erkennen, dass Sie sehen, welche Möglichkeiten Ihnen gerade das Premium-Segment bietet. Wichtig ist vor allem, dass Sie Ihre Chancen aktiv nutzen. Dazu braucht es Mut und Kreativität, es erfordert, neue Wege zu gehen und einen frischen Blick auf Kunden, den eigenen Job und auch auf sich selbst zu wagen. Vor allem erfordert es bedingungslosen Einsatz. Sie haben es in der Hand, jetzt die Weichen in Richtung Premium-Verkauf zu stellen. Dabei wünschen wir Ihnen viel Erfolg!

Quellen und Anmerkungen

1 HVB Values I/2004
2 Allensbacher Berichte 2004/Nr. 5, Institut für Demoskopie Allensbach
3 Handelsblatt 30.03.2004
4 manager magazin 2/2004
5 Handelsblatt 24.03.2004
6 Welt am Sonntag 26.10.2003
7 ebenda
8 Wirtschaftswoche 05.02.2004
9 Melinda Davis, Wa(h)re Sehnsucht, München 2003
10 manager-magazin.de 2003
11 Hamburger Abendblatt 12.06.2003
12 HVB Values I/2004
13 Handelsblatt 29.07.2003
14 Süddeutsche Zeitung 27.04.2004
15 Handelsblatt 29.03.2004
16 Klaus Vossen/Frank A. Reinhardt, Der launische Konsument, Regensburg 2003
17 Meyers großes Taschenlexikon 1995
18 Presseinformation Allianz Group 2004
19 Klaus Vossen/Frank A. Reinhardt, Der launische Konsument, Regensburg 2003, S. 39
20 Hans Magnus Enzensberger, Zickzack, Frankfurt 1997
21 www.agenturcafe.de
22 brand eins 10/2001
23 Handelsblatt, 31.03.2003
24 Welt am Sonntag 11.04.2004
25 Melinda Davis, Wa(h)re Sehnsucht, München 2003
26 ebenda
27 Alexander Verweyen, Keine Angst vor dem Smart Shopper, Frankfurt 1998
28 Paul R. Lawrence/Nitin Nohria, Driven – Was Menschen und Organisationen antreibt, Stuttgart 2003
29 Wirtschaftswoche 13.05.2004
30 manager magazin 5/2004
31 think on, Das Magazin der Altana AG, Dezember 2003
32 Gerhard Schulze, Die Erlebnisgesellschaft, Frankfurt 2003
33 Focus 24/2004

34 think on, Das Magazin der Altana AG, Dezember 2003
35 Vgl: www.phil-fak.uni-duesseldorf.de/rudi.keller/
36 www.johann-lafer.de
37 manager magazin 6/2004
38 Download: Case Study Porsche – www.verweyen.de
39 Joseph P. Forgas, Soziale Interaktion und Kommunikation, Weinheim 1995
40 Fredmund Malik, Führen – Leisten – Leben, Wirksames Management für eine neue Zeit, München 2001
41 Peter F. Drucker, Management im 21. Jahrhundert, München 1999
42 ebenda
43 Auszug MIT Sloan Management Review in: Wirtschaftswoche 27.05.2004
44 Welt am Sonntag 11.04.2004
45 brand eins 01/2003
46 Manufactum Warenkatalog Nr. 16
47 brand eins 01/2003
48 ebenda
49 Handelsblatt 21.05.2004
50 manager magazin 5/2003
51 Handelsblatt, 02.05.2003
52 Gablers Magazin 5/1998
53 Psychologie heute Juli/2004
54 ebenda
55 ebenda
56 Jack Trout, Differenzieren oder verlieren, München 2003
57 ebenda
58 brand eins 02/2003
59 manager magazin 5/2003
60 Hans Magnus Enzensberger, Zickzack, Frankfurt 1997

Autoren

Alexander Verweyen, Diplom-Betriebswirt, ist in Deutschland durch seine Vorträge, Veröffentlichungen sowie durch eine Vielzahl firmeninterner Seminare und Trainings bekannt geworden. Zu seinen persönlichen Spezialgebieten zählen die Beratung in Fragen des aktiven Verkaufsmanagements und das „Best-Seller-Training" für VertriebsmitarbeiterInnnen. Seit 1991 zählt die Verweyen Consulting Training & Coaching GmbH, München, zu den innovativsten Beratungsgesellschaften für verkaufs- und kundenorientierte Personalentwicklung.

Alexander Verweyen ist mehrfacher Buchautor, er ist unter anderem Verfasser des bei Gabler erschienenen Titels „Erfolgreich akquirieren".

Gregor Eckert, Diplom-Betriebswirt, startete seine vertriebliche Laufbahn bei einem weltweit tätigen Automobilkonzern. Dort war er unter anderem verantwortlich für die Konzeption und Umsetzung zahlreicher Inhouse-Beratungen und -Trainings zur Steigerung der Kunden- und Verkaufsorientierung. Seit 1997 ist er geschäftsführender Gesellschafter der Verweyen Consulting Training & Coaching GmbH.

Bekannt wurde Gregor Eckert durch zahlreiche Vorträge, TV-Beiträge, Zeitungsberichte und Buchveröffentlichungen. Bei Gabler erschienen ist sein Titel „Die Schlacht um jeden Preis".

Alexander Verweyen und **Gregor Eckert** gehören in Deutschland zu den profiliertesten Beratern im Premium-Bereich. Zu ihren Kunden gehören unter anderem renommierte Unternehmen wie Wempe, Porsche, Cartier und de Sede.

Kontakt:
Verweyen Consulting Training und Coaching GmbH
Fürstenrieder Straße 279a
81377 München
Telefon: (089) 790 782-0
Telefax: (089) 790 782-99
E-Mail: info@verweyen.de
Internet: www.verweyen.de